Max Geißler

Börse für jedermann

Max Geißler

Börse für jedermann

Für Neueinsteiger
und Fortgeschrittene

Erfolgreich sparen mit Aktien,
Anleihen und Investmentfonds

Linde
international

Bibliografische Information Der Deutschen Bibliothek

Die Deutsche Bibliothek verzeichnet diese Publikation in der Deutschen Nationalbibliografie; detaillierte bibliografische Daten sind im Internet über http://dnb.ddb.de abrufbar.

ISBN-10: 3-7093-0128-9
ISBN-13: 987-3-7093-0128-9

Umschlag: AG MEDIA GmbH

1210 Wien, Scheydgasse 24, Tel.: 0043/1/24 630
www.lindeverlag.at
Druck: Hans Jentzsch & Co. GmbH., 1210 Wien, Scheydgasse 31

Inhaltsverzeichnis

Vorwort

Wer sein Geld langfristig ertragreich anlegen möchte, kommt um börsennotierte Wertpapiere kaum herum. Zwar sind die Auswirkungen des letzten Börsencrashs noch heute in vielen Depots zu spüren und das Misstrauen der Deutschen gegenüber der Aktienanlage sitzt tief. Doch Börsenpapiere erwirtschaften im Vergleich zu anderen Anlageformen die höchsten Renditen. So erreichten die im deutschen Leitindex DAX versammelten Aktien in den letzten 25 Jahren einen Wertzuwachs von durchschnittlich zehn Prozent pro Jahr – keine andere Anlageform kann dies aufweisen. Kein Wunder, dass fast fünf Millionen Deutsche Aktien besitzen – Tendenz steigend.

Viele Privatanleger überlegen, ob sie ebenfalls ihr Geld an der Börse anlegen sollen. Das Problem: Die Gewinnaussichten sind hoch, doch auch die Verlustrisiken. Die Geldanlage am Börsenparkett funktioniert eben anders als eine Einzahlung aufs Sparbuch oder der Kauf von Sparbriefen. Kalkulierbare Zinszahlungen oder berechenbare Renditen sucht man im Börsenaushang vergebens. Selbst eine Garantie auf das eingezahlte Kapital ist nur bei wenigen Produkten zu finden.

Warum dann am Parkett investieren?, fragen Sie. Was nützen mir die schönsten Renditechancen, wenn nicht mal sicher ist, dass ich meinen Einsatz zurückbekomme? Doch diese Denkweise greift entschieden zu kurz. Niemand muss Aktien blind kaufen und dann hilflos zusehen, wie die Papiere abstürzen. Im Gegenteil: Die Börse bietet einerseits eine Vielzahl von Anlagemöglichkeiten, die nur geringe oder gar keine Risiken aufweisen. So bewegen sich Sparer mit Anleihen, Garantiezertifikaten oder schwankungsarmen Investmentfonds auf der sicheren Seite. Andererseits bestehen zahlreiche Absicherungsmechanismen, mit deren Hilfe man Verluste mit schwankungsintensiven Investments wirksam begrenzen kann.

Wenn Sie als Anleger die Marktregeln kennen und mit den wichtigsten Anlagetechniken vertraut sind, bestehen beste Chancen, den Einsatz zu vervielfachen. Dieses Buch möchte Sie bei der erfolgreichen Geldanlage an der Börse unterstützen. Es stellt die wichtigsten Wertpapierarten ausführlich vor, beantwortet die häufigsten Anlegerfragen und erläutert typische Investorenfehler. So werden Sie fit für den Einstieg auf dem Börsenparkett.

Kapitel 1

Börse und Anleger

Eine Beziehung nur für schönes Wetter?

An der Börse ist es wie mit dem Wetter: Scheint die Sonne und ist es warm, lobt jedermann das herrliche Wetter und drängt ins Freie; regnet und stürmt es, schimpfen die Leute auf das Wetter und ziehen sich in ihre vier Wände zurück. Guten Anschauungsunterricht für diese ambivalente Beziehung boten die Börsenereignisse um die Jahrtausendwende. Ende der neunziger Jahre strömten deutsche Anleger in Scharen an die Kapitalmärkte. Aktien lockten mit schneller Geldvermehrung, der Siegeszug des neuen Marktes schien keine Grenzen zu kennen. Mit jedem Tag, an dem die Kurse höher kletterten, wagten sich mehr Sparer aus der Deckung und versuchten ihr Glück an der Börse. Binnen zehn Jahren verdoppelte sich die Zahl der deutschen Aktionäre von drei auf sechs Millionen.

Doch die Börse erwies sich als Spielverderber. Weil die Bewertungen der Aktien hoffnungslos übertrieben waren und die wirtschaftliche und politische Lage nach den Terroranschlägen vom 11. September 2001 düster war, brachen die Kurse auf breiter Front ein – ein Desaster für viele Anleger. Blindes Vertrauen und die Gier nach dem schnellen Gewinn hatte vielen den Blick für die Realität verstellt. Fassungs- und zum Teil hilflos starrten Privatanleger auf ihre Depots und die immer größer werdenden Minuszeichen. Das Ende der Aktienkultur schien nahe. Börsenpapiere waren plötzlich Teufelszeug, von dem niemand mehr etwas wissen wollte. Folge: Gut anderthalb Millionen Aktionäre veräußerten ihre Wertpapiere und wandten sich enttäuscht vom Börsenparkett ab – zumeist mit herbem Verlust.

Doch wie nach jedem Tief ein Hoch kommt, so kam auch an der Börse die Wende. Nach dreijähriger Talfahrt hatten die Aktienkurse ihren vorläufigen Tiefpunkt erreicht und begannen ins Plus zu drehen. Vom Wendepunkt bis heute konnte der deutsche Leitindex DAX seinen Wert mehr als verdoppeln, die kleineren Indexbrüder MDAX und SDAX sogar verdreifachen. Viele Aktien- und Aktienfondsbesitzer verzeichnen inzwischen zwei- oder gar dreistellige Gewinne. Das Interesse an der Börse ist wieder geweckt. Eine Garantie auf Endlosgewinne gibt es aber auch diesmal nicht. Politische und wirtschaftliche Unsicherheiten können den Börsenaufschwung jederzeit erneut stoppen.

Hektisches Hin und Her bringt nichts

Die Auf- und Abschwungphasen an der Börse rechtzeitig zu erkennen und gewinnbringend auszunutzen, das ist der Wunsch aller Börsianer. Doch selbst Profis gelingt dies allzu oft nicht. Für Privatanleger enden solche Versuche nicht selten mit Verlusten. Eine Erkenntnis aus den Börsenschwankungen sollte daher sein: Fluchtartiger Rückzug vom Parkett ist ebenso wenig zu empfehlen wie kurzfristiges, leichtfertiges Spekulieren auf den schnellen Erfolg. Vielmehr erfordert der Einstieg am Börsenparkett Stehvermögen, solides Grundwissen über die einzelnen Arten von Wertpapieren sowie die genaue Kenntnis der Funktionsweise des Kapitalmarkts. Gepaart mit fundierten, aktuellen Börseninformationen haben Anleger gute Karten, Chancen und Risiken ihrer Börseninvestments zielsicher einzuschätzen.

Warum an die Börse?

Warum sich mit Sparzinsen von drei oder vier Prozent zufrieden geben, wenn man an der Börse mehr als das Doppelte verdienen kann? Für hohe Gewinne gibt es zwar keine Garantie, doch die Resultate der Vergangenheit sprechen eine deutliche Sprache. In den letzten 25 Jahren, von 1980 bis Ende 2005, erreichten zum Beispiel die Aktien des DAX nach Berechnungen des Deutschen Aktieninstituts (DAI) eine jährliche Durchschnittsrendite von 10,2 Prozent. Hätten Sie damals 10.000 Euro auf ein entsprechendes Wertpapier gesetzt, so könnten Sie heute 113.000 Euro Ihr Eigen nennen. Eine Geldanlage mit vier Prozent Verzinsung hätte demgegenüber gerade mal 26.650 Euro vor Steuern erbracht.

Eine Entscheidung zugunsten börsenbasierter Sparanlagen lässt sich auch aus den Ergebnissen von Aktienfondssparplänen ableiten. Während

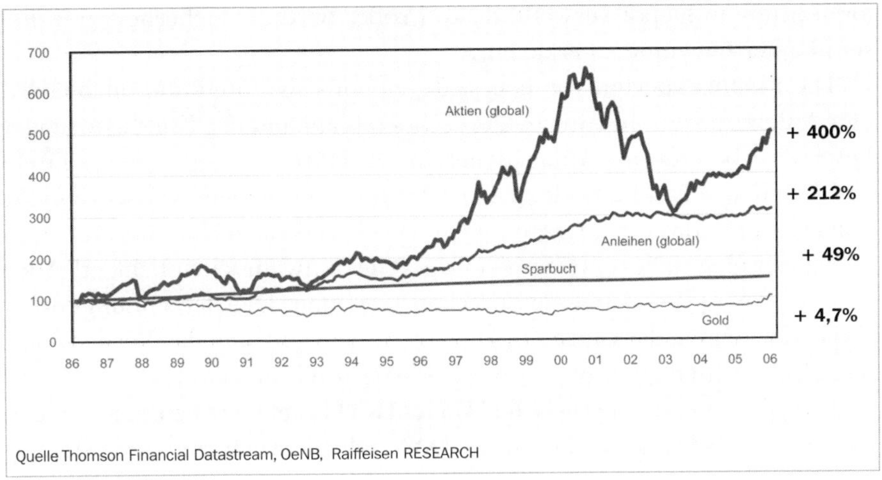

Abb. 1: Renditevergleich Aktien/Anleihen/Gold/Sparbücher

klassische Banksparpläne über Durchschnittsverzinsungen von vier, maximal fünf Prozent nicht hinauskommen, überzeugen Fondssparpläne mit einer doppelt so hohen Rendite. Nach Berechnungen des Bundesverbandes Investment und Asset Management (BVI) erreichten Sparpläne mit Aktienfonds Schwerpunkt Deutschland in den vergangenen 25 Jahren im Schnitt eine jährliche Wertsteigerung von gut neun Prozent, internationale Aktienfonds kamen auf knapp acht Prozent.

Zeitfaktor stabilisiert Erträge

Die Kapitalmärkte garantieren zwar keine Gewinne, dennoch kann man mit börsennotierten Wertpapieren ziemlich sicher ein Vermögen aufbauen. Dabei müssen Anleger nicht unbedingt auf schwankungsarme Wertpapiere zurückgreifen. Im Gegenteil: Auch Aktien und Aktienfonds garantieren Gewinne. Das Zauberwort heißt Ausdauer. Langfristig betrachtet kennen die Aktienkurse nämlich nur eine Richtung – nach oben!

Privatanleger, die sich an der Börse beteiligen, sollten daher stets einen langen Anlagehorizont kalkulieren. Denn nur auf lange Sicht können Dividendenpapiere ihre hohen Risiken dank immer wiederkehrender Kursschübe ausgleichen. Die Vergangenheit lehrt, dass sich die Erträge von schwankungsintensiven Wertpapieren mit zunehmender Haltedauer stabilisieren. Anders ausgedrückt: Je länger eine Aktie oder ein Aktienfondsanteil im Depot verweilt, desto größer wird die Sicherheit, mit diesem Papier Gewinne zu erzielen.

Die Finanzexperten von boerse.de, einem sehr guten und unabhängigen Anlegerportal im Internet, errechneten anhand der Kurshistorie des DAX, dass bereits eine Anlagedauer von 15 Jahren genügt, um mit Titeln aus dem deutschen Leitindex keinen Verlust zu erleiden. Selbst wenn die Papiere kurz vor einem Crash gekauft werden, besitzt der Investor nach 15 Jahren eine nahezu 100-prozentige Gewinnwahrscheinlichkeit! Auch kürzere Anlagezeiträume versprechen Gewinne: Die Berechnungen der Experten zeigen, dass ein zehnjähriger Anlagezeitraum das Verlustrisiko von DAX-Aktien auf immerhin vier Prozent minimiert.

Ein Blick auf die historische Wertentwicklung zeigt den unaufhaltsamen Vorwärtsdrang des Leitindex DAX sehr deutlich. Seit 1983 geht es mit dem wichtigsten deutschen Börsenbarometer beständig bergauf, selbst hartnäckige Talfahrten wie der Börsencrash um die Jahrtausendwende erscheinen über längere Zeiträume betrachtet lediglich wie kleine Ausrutscher. Der langfristige Aufwärtstrend ist ungebrochen und derzeit gibt es keine Anzeichen, dass sich daran etwas ändern wird.

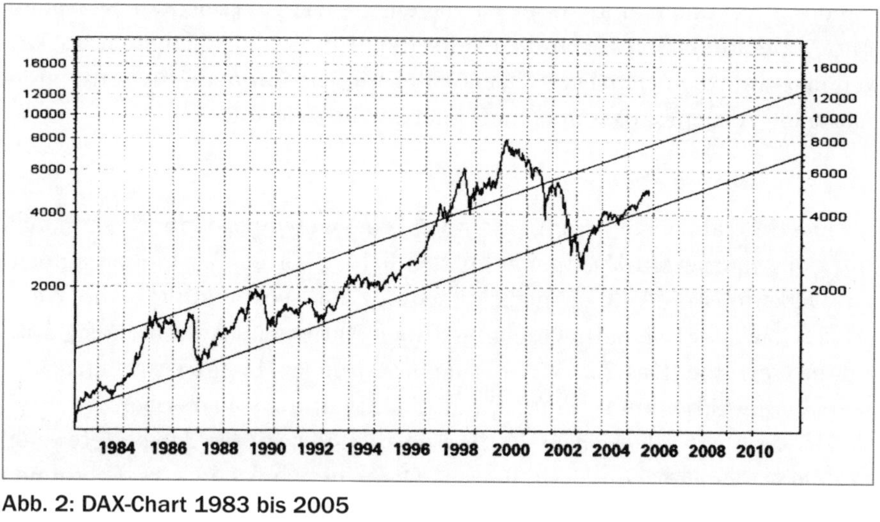

Abb. 2: DAX-Chart 1983 bis 2005

Quelle: „Gewinne mit Börsenzyklen" von Thomas Müller, Börsenverlag 2005

Kapitel 2

Die private Vermögensplanung

Mit Strategie zum Erfolg

Am Anfang einer umfassenden und langfristigen Vermögensplanung steht die genaue Analyse der Ausgangssituation. Im zweiten Schritt erfolgt dann die Ausarbeitung einer geeigneten Anlagestrategie. Ziel eines jeden Sparers ist es, sein Geld so gut wie möglich zu investieren und ein optimales Sparergebnis zu erzielen. Rentabilität und Sicherheit der Geldanlage stehen dabei ganz oben auf der Liste der Anlegerwünsche. Vier fundamentale Fragen sind zu Beginn der Vermögensanalyse zu klären:

1. Zu welchem Zweck möchte ich sparen?
2. In wie vielen Jahren soll das Sparziel erreicht sein?
3. Welche Risiken nehme ich dafür in Kauf?
4. Wie viel Geld steht zur Verfügung?

Sparziel und Anlagedauer

Für eine erfolgreiche Geldanlage ist es notwendig, sein Sparziel genau zu definieren. Je nach Sparwunsch benötigt man einen bestimmten Vermögensbetrag, der zum Zeitpunkt X zur Verfügung stehen soll. Ein mögliches Sparziel ist zum Beispiel die kurzfristige Aufbewahrung vorhandener Gelder, etwa um sie alsbald wieder anzulegen oder für eine Investition auszugeben. Ein anderes Ziel kann die Schaffung von Eigenkapital für den Erwerb einer Immobilie oder für den Kauf eines neuen Autos sein. In diesem Fall dürfte der Sparzeitraum einige Jahre umfassen. Möglich ist aber auch der Aufbau eines Kapitalstocks als Zusatzrente fürs Alter, der jahrelange Sparbemühungen erfordert.

Jedes Sparziel erfordert eine geeignete Geldanlage. Um das Ziel möglichst schnell zu erreichen, denken viele Anleger in erster Linie an den Aspekt der Gewinnmaximierung. Wohin das führen kann, hat der letzte Börsencrash schmerzlich gezeigt. Schwankungsintensive Wertpapiere versprechen zwar hohe Gewinne, doch wird gern übersehen, dass den überdurchschnittlichen Chancen ebenso hohe Risiken gegenüberstehen. In vielen Fällen kann es gewinnbringender sein, das Kapital ruhig und stetig wachsen zu lassen anstatt hektisch und unsicher. Im Extremfall steht man am Ende mit leeren Händen da.

Kurzer Anlagehorizont

Grundsätzlich gilt: Je kurzfristiger eine Geldanlage geplant ist, desto sicherer sollte sie sein. Will man in sechs oder zwölf Monaten auf sein Erspartes zurückgreifen, um eine geplante Investition zu tätigen, dann muss das Kapital in voller Höhe verfügbar sein. Kursschwankungen, wie sie börsennotierte Wertpapiere mit sich bringen, sind bei solchen kurzen Anlagehorizonten nach Möglichkeit zu vermeiden. Nur lange Anlagehorizonte gleichen (auch heftige) Kursschwankungen mit der Zeit wieder aus. Wichtig ist es, darauf zu achten, dass das Geld zum Investitionszeitpunkt auch tatsächlich bereitsteht. Für kurze Sparzeiträume empfehlen sich zum Beispiel Tages- und Festgelder.

Mittlerer Anlagehorizont

Für Sparvorgänge von etwa drei bis sechs Jahren sind nicht nur Zinsanlagen von Banken sinnvoll, sondern auch schwankungsarme, wertstabile Investments am Kapitalmarkt. Wegen des relativ kurzen Anlagezeitraums kommt der Zinseszinseffekt zwar nur geringfügig zum Tragen, dafür überzeugen wertbeständige Geldanlagen mit hoher Kapitalsicherheit. Empfehlenswert sind zum Beispiel gebührenfreie Sparbriefe von Banken oder Bundesschatzbriefe. Diese absolut sicheren Geldanlagen bieten kalkulierbare Zinsen sowie ein planbares Endergebnis. Eine gute Mischung aus Rendite und hoher Kapitalsicherheit gewähren auch Euro-Rentenfonds (siehe ausführlich ab Seite 52). Allerdings können die anfallenden Gebühren wie Ausgabeaufschläge und Depotkosten an der Rendite knabbern. Tipp: Achten Sie auf Anbieter, die keine oder nur geringe Gebühren berechnen, etwa Direktbanken oder Onlinebroker.

Langer Anlagehorizont

Um ein Sparziel kommt heute kaum noch jemand herum: die private Altersvorsorge. Wer keine Erbschaft oder sonstige Geldgeschenke zu erwarten hat, der sollte frühzeitig mit dem Vermögensaufbau beginnen. Ein wesentlicher Baustein heutiger Vorsorgekonzepte sind Investmentfonds. Fondssparpläne überzeugen mit hoher Flexibilität und überdurchschnittlichen Gewinnchancen, allerdings bergen sie nicht unerhebliche Anlagerisiken. Relevante Alternativen dazu können private Renten- und kapitalbildende Lebensversicherungen sein. Positiv: Die Versicherungsprodukte warten mit Kapitalsicherheit und einer garantierten Mindestverzinsung auf. Allerdings zweigen die Gesellschaften einen vergleichsweise hohen Beitragsanteil für interne Kosten ab.

Das magische Dreieck

Das magische Dreieck hat nichts mit Zauberei zu tun, auch wenn eine Portion Magie nicht schaden könnte, um die einzelnen Seiten in der Balance zu halten. Magisches Dreieck ist vielmehr ein Begriff aus der Finanzwelt. Er beschreibt den Zusammenhang zwischen Sicherheit, Liquidität (Verfügbarkeit) und Ertrag einer Geldanlage. Diese Begriffe sind wie die Eckpunkte eines Dreiecks. Dabei versteht man unter Sicher-

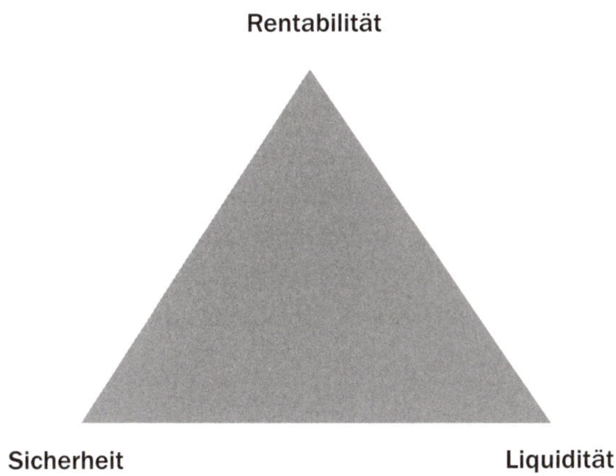

Abb. 3: Das Spannungsfeld des magischen Dreiecks

heit das mögliche Verlustrisiko. So ist etwa ein Sparbuch sicherer als Aktien. Die Rentabilität bezeichnet den Ertrag einer Geldanlage. Dieser kann aus Zinsen, Dividenden oder Kursgewinnen bestehen. Die Liquidität bezieht sich auf die Verfügbarkeit des Geldes. So kommt man bei Tagesgeldern oder Aktien schnell an sein Kapital heran, bei Sparbüchern oder Banksparplänen dagegen nur eingeschränkt oder gar nicht.

Das Problem: Anlagen, die alle drei Kriterien in gleicher Weise erfüllen, gibt es nicht. Stets überwiegt eine Seite, die anderen kommen mehr oder weniger zu kurz. Soll das Geld beispielsweise möglichst sicher angelegt sein, mangelt es regelmäßig an Rendite und umgekehrt. Für Sparer ist es daher wichtig, sich bewusst zu machen, welches dieser drei Ziele sie vorrangig verfolgen wollen. Daran orientiert sich schließlich die Auswahl der Investments und die Zusammensetzung des Portfolios.

Rendite ist nicht alles!

Rendite und Risiko bilden oft eine folgenschwere Allianz. Es gilt: Je größer die Renditechance, desto höher ist in aller Regel das Risikopotential und umgekehrt. Wer den Minizinsen auf dem Sparbuch entfliehen möchte, der sollte stets bedenken, dass damit die hohe Sicherheit seiner Geldanlage verloren geht. Kluges Abwägen und das Einbauen von Sicherheiten schützt vor Verlusten!

Vor einem Kardinalfehler sollten Sie sich unbedingt hüten: Alles auf eine Karte zu setzen! Selbst beim langjährigen Vermögensaufbau ist der Sparbeitrag stets auf verschiedene Anlageformen zu verteilen. Neben einem breit gestreuten, chancenreichen Depot mit verschiedenen Investmentfonds, Aktien sowie dem einen oder anderen Zertifikat sollten Versicherungsprodukte für die nötige Kapitalsicherheit sorgen. Ein Teil des vorhandenen Vermögens ist stets krisensicher anzulegen, etwa in festverzinsliche Wertpapiere.

Welcher Anlegertyp bin ich?

Bevor Sie sich für eine Geldanlage entscheiden, sollten Sie sich fragen,welcher Anlegertyp Sie sind. Vielen ist nämlich anfangs gar nicht klar, ob sie mit den Risiken, die börsennotierte Wertpapiere mit sich bringen, angemessen umgehen können. Bereiten Ihnen bereits geringe Kursverluste schlaflose Nächte, dann sollten Sie von Aktien und Aktienfonds besser die Finger lassen. Wichtig ist, dass die gewählte Anlageform zu Ihrer Mentalität passt. Minusstände im Depot oder gar finanzielle Verluste sollten bei Ihnen weder schlechte Laune noch endlose Selbstvorwürfe auslösen. Nur wer gelassen Kursdellen aussitzen kann bzw. diese eher als Einstiegschance versteht, der hat das Gemüt und die nötige Ruhe für die Börse.

Von konservativ bis risikofreudig

Die Palette der Anlegermentalitäten ist breit gefächert. Die unterschiedlichen Typbeschreibungen in der folgenden Tabelle sollen Ihnen helfen, Ihre Vorlieben und Schwächen zu ermitteln und empfehlenswerte Anlageformen herauszufiltern. Allerdings ist zu bedenken, dass Geldanlage nicht nur eine Typfrage ist. Wie bereits beschrieben, spielen das Sparziel und der Anlagehorizont bei der Auswahl der Investmentform eine wesentliche Rolle. Alle diese Faktoren sollten stets angemessen berücksichtigt werden.

Welcher Anlegertyp bin ich?

Risikoklasse	Typbeschreibung	Anlageziel	Mögliche Risiken	Mögliche Anlagen
1 Risikoscheu	Risikoscheue Anleger vermeiden jede Gefahr. Spekulative Anlagen bereiten ihnen Unbehagen.	Sichere, kalkulierbare Renditen.	Keine	Festgelder, Tagesgeldkonten, Banksparprodukte, Bundeswertpapiere
2 Sicherheitsorientiert	Sicherheitsorientierte Anleger riskieren wenig. Kursverluste sollen vermieden werden oder aber kontrollierbar sein.	Gut abschätzbare Renditen. Gewinnerwartung liegt leicht über dem Zinsniveau.	Geringe Schwankungen, kaum Verlustrisiko	Banksparprodukte, Bundeswertpapiere, Euro-Rentenfonds, Immobilienfonds, Garantiefonds und -zertifikate

Risiko-klasse	Typbeschreibung	Anlageziel	Mögliche Risiken	Mögliche Anlagen
3 Ausge-glichen	Ausgeglichene Anleger nutzen mögliche Renditechancen, riskieren aber nicht alles. Sie fühlen sich mit Fonds wohler als mit Einzelaktien.	Chancenreich orientiert. Renditeerwartung liegt deutlich über dem Zinsdurchschnitt.	Währungs- und Kursrisiken. Mittlere Schwankungsbreite, leichte Verluste möglich	Euro- und Internationale Rentenfonds, Standardwerte-Aktienfonds, Mischfonds, Indexfonds- und -zertifikate
4 Gewinn-orien-tiert	Gewinnorientierte Anleger beweisen Mut zum Risiko. Sie kaufen Fonds, Einzelaktien und Zertifikate aus den klassischen Bereichen.	Hohe Renditeerwartung, auch wenn Gewinne nur schwer abschätzbar sind.	Hohe Kursrisiken, große Schwankungsbreite.	Blue-Chip-Aktien, Standardwertefonds, Indexzertifikate, offensive Mischfonds, Fonds für Unternehmensanleihen
5 Risiko-freudig	Risikofreudige Anleger streben nach maximalem Gewinn. Sie spekulieren – auch kurzfristig – mit Einzelwerten, Optionen und Zertifikaten.	Spekulationsgewinne, hohe Kurszuwächse	Sehr hohes Risiko bis hin zum Totalverlust	Aktien, auch Spezialwerte, Zertifikate aller Art, Spezialfonds, Neuemissionen, Optionsscheine

Individuelle Einflussfaktoren auf die Vermögensplanung

Lebensalter

Wenn es darum geht, Sicherheit und Chance einer Geldanlage abzuwägen, spielt das eigene Lebensalter eine wichtige Rolle. Jüngere haben zum Vermögensaufbau viele Jahre Zeit und können entsprechend auf chancenreiche aber schwankungsintensive Anlageformen setzen. Ältere Sparer sollten mit riskanten Investments dagegen vorsichtig sein, denn Kursrutsche können sie vielleicht nicht mehr vollständig aussitzen.

Anlageberater empfehlen je nach Alter folgende Faustregel: 100 minus Lebensalter ergibt den Prozentanteil, den ein Sparer höchstens in Aktien oder Aktienfonds anlegen sollte. Bei einem 30-Jährigen sind das also 70 Prozent, bei einem 40-Jährigen höchstens 60 Prozent usw. Der Rest ist in sichere bzw. schwankungsarme Anlageformen zu investieren, etwa festverzinsliche Sparformen, Rentenfonds oder Immobilien.

Für Senioren gelten Sonderregeln

Pensionäre sollten die Anlageregel mit Vorsicht genießen. Wer bereits 70 Jahre alt ist, dürfte danach immerhin noch 30 Prozent seines Vermögens in spekulative Börsenpapiere investieren. Für Ruheständler mit schmalem Geldbeutel ist dies sicher nicht zu empfehlen. Das Risiko, plötzlich mit leeren Händen dazustehen, ist viel zu groß. Vielmehr sollte die finanzielle Sicherheit im Alter oberste Priorität haben. Etwas anderes gilt für vermögende Senioren: Wer Teile seines Vermögens ohne Mühe entbehren kann, braucht auf die Chancen des Kapitalmarkts nicht zu verzichten.

Familiäre Situation

Kinderlose Ehepartner mit doppeltem Verdienst sowie Singles ohne Anhang sind in ihrer persönlichen Finanzplanung ungebunden. Mögliche Versorgungsansprüche bei Verdienstausfall oder eine längerfristige Familienplanung spielen – wenn überhaupt – eine untergeordnete Rolle. Ganz anders bei Familien mit Kindern oder Kinderwunsch: Sie müssen von vornherein größere Sicherheiten bei der Geldanlage berücksichtigen. Vorhandenes Kapital sollte nicht zu spekulativ angelegt sein, außerdem sind größere Finanzreserven einzuplanen. Dabei ist nicht nur an den Verdienstausfall während der ersten Lebensjahre der Kinder zu denken, sondern auch an den höheren Finanzaufwand in den Folgejahren, etwa für Kindergarten- und Studiengebühren, Ausgaben für Hobbys, Sportgeräte, Computer, Handy, den Führerschein, Auslandspraktika etc.

Eigenheim

Immobilienbesitzer sollten den Status der Finanzierung bei ihrer Vermögensplanung berücksichtigen. Ist das Eigenheim noch nicht abgezahlt, sollten Sie dem Schuldenabbau Vorrang einräumen gegenüber dem Kapitalaufbau. Weniger Schulden bedeuten unterm Strich höhere finanzielle Sicherheit. Zahlungsschwierigkeiten bei Verdienstausfall oder wegen drastisch gestiegener Zinsen beim Anschlussdarlehen lassen sich durch schnellen Schuldenabbau wirkungsvoll minimieren.

Etwas anderes gilt, wenn Sie vorhaben, ein Eigenheim zu erwerben.

Soll der Kauf in den nächsten Jahren geschehen, ist bis dahin so viel Eigenkapital wie möglich anzusparen. Jeder Euro aus der eigenen Tasche mindert die Kreditlast und verringert die Zinszahlungen an die Bank. Zudem verkürzen Immobilienkäufer die Kreditlaufzeit. Wichtig: Das Eigenkapital ist vor Risiken wie Wertschwankungen oder Börsencrashs unbedingt zu schützen. Lediglich bei langem Ansparhorizont, zum Beispiel wenn Sie das Eigenheim erst in zehn oder fünfzehn Jahren kaufen möchten, sind schwankungsintensive, aber chancenreiche Investments zu empfehlen. Allerdings sollten Sie auch dann rechtzeitig, etwa drei bis vier Jahre vor dem anvisierten Kauftermin, das Kapital in sichere Anlagen umschichten.

Einkommen/Gesamtvermögen

Je höher das eigene Einkommen, desto mehr Geld steht üblicherweise für den Vermögensaufbau zur Verfügung. Da solche Anleger Wertschwankungen zumeist mühelos verkraften können, sollten sie keine Probleme haben, höhere Anlagerisiken einzugehen als Sparer mit schmalem Budget. Ähnliches trifft auf Vermögende zu. Ist bereits ein hoher Kapitalstock vorhanden, kann man auch größere Teile des Geldes in risikoreichere Anlagen stecken. Möchten Sie zum Beispiel die Hälfte Ihres Kapitals chancenreich an der Börse anlegen, entspricht dies bei einem aktuellen Gesamtvermögen von 50.000 Euro einer Investitionssumme von 25.000 Euro. Beträgt das Vermögen bereits 100.000 Euro, könnten Sie in diesem Fall 50.000 Euro in Aktien oder Aktienfonds investieren.

Monatlicher Sparbetrag

Erfolgreicher Vermögensaufbau funktioniert nur, wenn Sie kontinuierlich Geld beiseitelegen. Sind Sie sich nicht sicher, wie hoch der monatliche Sparbetrag sein kann, hilft ein Kassensturz. Neben den regelmäßigen monatlichen Ausgaben sind dabei unregelmäßige Kosten wie Versicherungsprämien und unvorhergesehene Belastungen wie Arztbesuche zu berücksichtigen. Wichtig ist, dass Sie am Ende nicht das gesamte Haushaltsbudget verplanen. Etwas „Luft“ ist wichtig, zum Beispiel wenn die Ausgaben steigen oder die Einkünfte sinken sollten. Im untenstehenden Rechenbeispiel könnte der Kapitalaufbau mit monatlich 200 Euro starten, das entspricht rund zwei Dritteln der freien monatlichen Finanzmittel.

Sollten die Einkünfte im Lauf der Zeit steigen, kann man den Sparbetrag erhöhen.

So ermitteln Sie den möglichen Sparbetrag

Monatliche Ausgaben	Quartalsausgaben	Jährliche Beiträge	Monatlicher Nettolohn
Miete/Immobilienkredit: 800 €	Autoversicherung: 80 €	Haftpflichtpolice: 75 €	3.000 €
Strom: 50 €	Bafögtilgung: 300 €	Hausratpolice: 180 €	
Heizung + Wasser: 150 €	Arzt/Medikamente: 100 €	Autowerkstatt: 200 €	
Lebensmittel: 600 €	Geschenke: 100 €	Urlaub: 3.000 €	
Monatskarte: 30 €		Vereinsbeiträge: 150 €	
Benzin: 50 €			
Kleidung: 100 €			
Kultur/Freizeit: 100 €			
Kinderbetreuung: 120 €			
Lebensversicherung: 100 €			
Sonstiges/Reserve: 100 €			
	gesamt: 580 € Jahreskosten: 2.320 €	Jahreskosten: 3.605 €	
pro Monat 2.200 €	pro Monat: 193 €	pro Monat: 300 €	
Gesamtausgaben pro Monat: 2.693 €			3.000 € -2.693 €
Möglicher Sparbetrag zur Vermögensbildung			= 307 €

Anmerkung: Dreiköpfige Familie, ein Hauptverdiener, ein Partner mit Nebenjob. Weihnachts- und Urlaubsgeld sind nicht in die Beispielrechnung eingeflossen, diese Einkünfte werden als zusätzliche Sicherheit/Reserve angespart.

Kapitel 3

So funktioniert die Börse

Die Anlagearten im Überblick

Der Markt für Geldanlagen ist riesig. Banken, Sparkassen, Investmentgesellschaften, Versicherungen, Vermögensberater und viele weitere Anbieter werben mit zahllosen Produkten um die Gunst der Kunden. Manche Anleger finden das Angebot geradezu verwirrend. Wer sich jedoch eingehender mit dem Thema Geldanlage beschäftigt, der stellt schnell fest, dass die Produkte zwar unterschiedliche Namen tragen, sich im Kern aber oft nicht unterscheiden. Hinter werbewirksamen Bezeichnungen stecken nicht selten die gleichen Investmentarten.

Spar- und Anlagemöglichkeiten für Privatanleger lassen sich vereinfacht in zwei Gruppen einteilen:

1. Produkte mit Verzinsung, herausgegeben von Banken, Versicherungen und der öffentlichen Hand
2. Wertpapiere, die am Kapitalmarkt gehandelt werden

Bankprodukte

Verzinste Anlageprodukte von öffentlichen und privaten Geldinstituten sind Bankkunden bestens bekannt: Girokonten, Tagesgelder, Festgelder, Sparbriefe und Banksparpläne gehören zum Angebot jeder gut sortierten Bank. Auch der Staat bietet festverzinsliche Geldanlagen. Einem breiten Publikum geläufig sind Bundesschatzbriefe, die ähnlich den Banksparbriefen funktionieren. Etwas weniger im öffentlichen Interesse stehen Finanzierungsschätze des Bundes. Diese spezielle Form verzinslicher Bundeswertpapiere gibt es nur für kurze Laufzeiten bis zu zwei Jahren. Die Rendite (Verzinsung) ergibt sich aus dem steigenden Kurswert während der Laufzeit.

Versicherungsprodukte

Die Assekuranz bietet zahlreiche Geldanlagen, die bei deutschen Sparern sehr beliebt sind. Kombinierte Produkte wie die kapitalbildende Lebensversicherung verbinden Risikoschutz mit Vermögensaufbau. Deutlich im Aufwind sind Sparformen zur privaten Altersvorsorge, etwa die private Rentenversicherung oder fondsgebundene Rentenpolicen. Versicherte profitieren bei vielen Verträgen von garantierten Mindestverzinsungen zuzüglich diverser Zinsboni am Ende der Laufzeit. Allerdings basieren Versicherungsprodukte nicht – wie es auf den ersten Blick scheint – auf verzinsten Bankgeldern, sondern auf börsengehandelten Wertpapieren. So basiert die klassische Rentenversicherung hauptsächlich auf verzinslichen Wertpapieren wie Anleihen und Pfandbriefen. Fondsgebundene Rentenpolicen erzielen ihre Renditen in erster Linie mit Hilfe von Aktienfonds.

Wertpapiere

Die meisten Anlagemöglichkeiten finden Sparer am Kapitalmarkt. Zu den bekanntesten Börsenartikeln zählen Aktien, Investmentfonds, Anleihen, Optionen und Zertifikate. Weniger im Fokus der Privatanleger stehen Genussscheine, Pfandbriefe und Unternehmensanleihen. Diese Geldanlagen werden meist von institutionellen Investoren wie Versicherungen oder Fondsgesellschaften erworben, stehen aber auch Privatanlegern offen.

Börsennotierte Wertapiere haben (fast alle) eines gemeinsam: Ihr Wert schwankt. Das bedeutet, der Wert der Geldanlage kann im Vergleich zum ursprünglichen Anlagebetrag ein Plus oder ein Minus ausweisen. Je nach gewähltem Investment ist das Schwankungsrisiko unterschiedlich hoch. Experten bezeichnen die Schwankungsbreite als Volatilität. Eine hohe Volatilität deutet auf eine große Schwankungsanfälligkeit hin und damit auf ein hohes Kursrisiko. Beispiel: Eine Volatilität von 25 Prozent innerhalb eines Jahres bedeutet, dass der Kurs in diesem Zeitraum durchschnittlich zwischen 75 und 125 Prozent des aktuellen Kurswerts geschwankt hat.

Tipp: Volatilität prüfen

Bevor Sie sich für ein Wertpapier entscheiden, sollten Sie sich über dessen Schwankungsanfälligkeit informieren. Bankberater kennen die Volatilität des gewünschten Wertpapiers und geben gern darüber Auskunft. Als Kunde einer Direktbank oder eines Onlinebrokers finden Sie entsprechende Angaben in der Regel auf den Internetseiten des Instituts. Wenn nicht, kann die Internetseite des Onlinebrokers comdirect Abhilfe schaffen. Dazu gehen Sie auf die Website: www.comdirect.de. Anschließend suchen Sie mit Hilfe der Wertpapierkennnummer (ISIN) das gewünschte Papier bzw. den Fonds. Nach dem Öffnen der Seite klicken Sie auf den Button „Kennzahlen" und finden dort Angaben zur Volatilität.

Direktinvestments und Devisen

Sonderformen der Geldanlage stellen Investitionen in materielle Werte und in Währungen dar. Private Sparer können zum Beispiel Anteile an Immobilien, Schiffen, Rohstoffen oder an Devisen erwerben. Sie profitieren dann von ausgeschütteten oder erzielten Gewinnen sowie von der

Abb. 4: Vermögensarten auf einen Blick

Wertsteigerung der entsprechenden Güter. Meist geschieht die Beteiligung über Investmentfonds oder Zertifikate. Auch Häuser und Wohnungen dienen in vielen Fällen der Kapitalanlage. Eigentümer von Immobilien können mit Hilfe der Mieten sowie der Wertsteigerung des Objekts Geld verdienen.

Vom Wochenmarkt zur Börse

Zum besseren Verständnis von Börse und Kapitalmärkten lohnt ein Blick in die Historie. Am Anfang war das Börsengeschehen noch übersichtlich: Händler und Kaufleute trafen sich zu Beginn des 15. Jahrhunderts vor dem Haus der Patrizierfamilie Van der Beurse in Brüssel, um mit Schuldscheinen zu handeln, einander Geld zu leihen und Informationen auszutauschen. Die Wechsel (Schuldscheine) waren im Prinzip die ersten frei gehandelten Wertpapiere der Welt. Sie wurden in Lederbeuteln (Geldbörsen) aufbewahrt. Der Bedarf nach einem zentralen Kapital-Marktplatz wuchs ständig weiter, so dass schließlich 1602 die erste offizielle Aktienbörse in Amsterdam gegründet wurde.

Diese Patrizier ahnten nicht, dass sie mit ihren geschäftlichen Aktivitäten den Grundstein für die heutigen Börsen legten. Im Lauf der Zeit entstanden überall in Europa zentrale Handelsplätze nach dem Vorbild Amsterdams. So auch in Frankfurt am Main: Es ist verbrieft, dass die Kaufleute ab 1605 von der Börse Frankfurt sprachen. Der mittelalterliche Geldhandel entwickelte sich zu einem hochmodernen Geschäftszweig, der aus der heutigen Weltwirtschaft nicht mehr wegzudenken ist. Tausende von Händlern bewegen 24 Stunden rund um den Globus gewaltige Finanzströme zwischen den Märkten und versorgen so Unternehmen, Staaten und Kreditinstitute mit frischem Geld. Moderne Wertpapierbörsen sind inzwischen so etwas wie Kapitalakkus, aus denen sich das globale Wirtschafts- und Finanzsystem speist.

Der größte Börsenplatz der Welt ist New York. An der New York Stock Exchange sowie der Technologiebörse Nasdaq werden täglich Milliarden von Aktien und anderen Wertpapieren gehandelt. Die größten europäischen Börsen befinden sich in London (London Stock Exchange), Amsterdam/Brüssel (Euronext, ein Zusammenschluss der Börsen Paris, Brüssel, Amsterdam und Lissabon) sowie in Frankfurt/Main (Deutsche

Börse). Weitere große Handelsplätze sind auf dem Vormarsch. Künftig werden auch die chinesische, die indische und die russische Börse ein gehöriges Wort an den Kapitalmärkten mitreden. Bereits in zwanzig Jahren, so schätzen Finanzexperten, wird die Shanghaier Börse die zweitgrößte der Welt sein.

Der Computer führt zunehmend Regie

Bilder von der Wallstreet, dem Sitz der New Yorker Börse, hinterlassen beim Betrachter oft rätselhafte Eindrücke. Wild gestikulierende Aktienhändler schreien ungestüm durcheinander, jeder versucht den anderen so gut es geht zu übertrumpfen. Laien fragen sich beim Anblick solcher Aufnahmen, ob die Millionen von Dollar, die mutige Investoren den hektischen Brokern anvertraut haben, auch wirklich ihr Ziel finden. Und ob! Bei allem Geschrei zeigt sich doch, dass jedes Chaos seine Ordnung hat – auch an der Börse.

Angebot und Nachfrage regeln Börsenpreise

Im Prinzip ist eine Börse nichts anderes als ein Handelsplatz, an dem Kapital und Produkte angeboten und gleichzeitig nachgefragt werden. Sowohl Anbieter als auch Nachfrager erhoffen sich davon finanzielle Vorteile, die Geldnehmer in Form von künftigen Unternehmensgewinnen, die Geldgeber in Form von Kurs- oder Zinsgewinnen. Im Unterschied zum klassischen Wochenmarkt kann man die Ware (Wertpapiere) aber nicht selbst kaufen, sondern muss eine Bank, einen Makler oder ein elektronisch gesteuertes Handelssystem damit beauftragen. Die Funktion der Börse besteht nun darin, Angebot und Nachfrage zu bündeln und in Form marktgerechter Preise in Übereinstimmung zu bringen.

Die Preisfindung geschieht heute nur noch selten so agil wie am New Yorker Parkett. An den meisten Börsen herrscht eher gespannte Ruhe, das Aushandeln der Kurse ist inzwischen Computersache. Hochkomplexe Softwareprogramme prüfen in Sekundenschnelle eingehende Kauf- und Verkaufsorders und bringen die Handelsteilnehmer ohne viel Marktgeschrei zusammen.

An der Deutschen Börse in Frankfurt/Main sorgt zum Beispiel das Computerhandelssystem Xetra für die schnellstmögliche Kursfindung.

Akzeptieren beide Seiten den Preis, wechseln Geld, Wertpapiere oder verbriefte Forderungen die Besitzer.

Die Struktur der Deutschen Börse AG

Die meisten Börsen sind in Form von Teilmärkten strukturiert. An der Deutschen Börse in Frankfurt am Main bestehen zum Beispiel Märkte für Aktien, für Anleihen (Rentenmarkt), für börsengehandelte Investmentfonds und für Derivate (Zertifikate, Optionsscheine). Wegen seiner Bedeutung für den Gesamtmarkt soll die Struktur des Aktienmarktes im Folgenden ausführlich erläutert werden.

Die Frankfurter Börse gliedert sich in drei verschiedene Aktiensegmente: den Amtlichen und den Geregelten Markt sowie den Freiverkehr. Die drei Bereiche bieten den rechtlichen Rahmen für die Einstufung der Aktiengesellschaften in unterschiedliche Anforderungs- und Transparenzlevel. Je nach Qualitätsziel können Unternehmen die Aufnahme in den Prime Standard, den General Standard oder den Entry Standard beantragen. Die Deutsche Börse AG möchte mit diesen Gruppierungen maximale Transparenz für Investoren schaffen. Wichtigster Unterschied zwischen den Standards sind unterschiedlich strenge Publizitäts- und Auskunftspflichten für die gelisteten Gesellschaften.

Prime Standard

Der Prime Standard ist das Vorzeigesegment der Deutschen Börse AG. Hier sind Gesellschaften gelistet, die sich auch gegenüber internationalen Investoren positionieren wollen. Entsprechend hoch sind die Anforderungen an solche Unternehmen. Sie müssen Quartalsberichte vorlegen, internationale Rechnungslegungs-Standards verwenden (US-GAAP oder IAS), laufend Berichte und Ad-hoc-Mitteilungen in englischer Sprache veröffentlichen und regelmäßig Analystenkonferenzen abhalten. Zudem ist eine fortlaufende Notierung im computergesteuerten Xetra-Handel notwendig. Eine Notierung in diesem Segment ist Voraussetzung für die Aufnahme in die zum Prime Standard gehörenden Auswahlindizes DAX, MDAX, TecDAX und SDAX. Investoren erhalten von Unternehmen aus diesen Bereichen die meisten und besten Anlegerinformationen.

General Standard

Dieses Segment stellt an die Aktiengesellschaften geringere Anforderungen. Es ist besonders für kleinere und mittlere Unternehmen geeignet, die überwiegend nationale Investoren ansprechen und für ihr Listing an der Börse nur einen geringen finanziellen Aufwand betreiben wollen. Zu den Unternehmenspflichten zählen Jahresabschlüsse, Halbjahresberichte und Ad-hoc-Mitteilungen auf Deutsch. Vorsicht: Investoren erhalten von diesen Gesellschaften deutlich weniger Informationen als von Gesellschaften aus dem Prime Standard. Solche Aktien sollte man besser nur dann kaufen, wenn man das Unternehmen gut kennt und von dessen Geschäftsmodell überzeugt ist.

Entry Standard

Dieses Segment eignet sich besonders für junge Kapitalgesellschaften. Geringere Einstiegsbarrieren als im Prime oder General Standard sollen aufstrebenden Unternehmen den Zugang zu frischem Kapital erleichtern. Einen Börsenprospekt brauchen Neueinsteiger nicht vorzulegen, ein testierter Jahresabschluss sowie zwei Zwischenberichte pro Jahr tun den Vorschriften Genüge. Nur wichtige Unternehmensnachrichten müssen

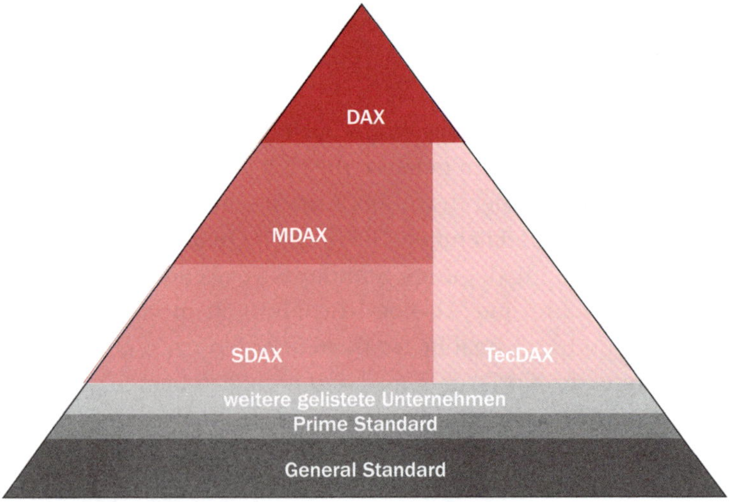

Abb 5: Struktur der Deutschen Börse in Frankfurt/Main
Quelle: Deutsche Börse AG

sofort angezeigt werden. Achtung: Da aufgrund der wenigen Transparenzregeln das Informationsangebot insgesamt relativ gering ist, besteht ein hohes Risiko für Anleger, auf schwarze Schafe hereinzufallen.

Das Quartett der Indizes

Indizes sind so etwas wie die Wetterfrösche an der Börse. Sie zeigen auf einen Blick die Grundstimmung am Aktienmarkt. Abzulesen ist dies besonders gut an den jeweiligen Indexständen, die die Wertentwicklung einzelner Aktiensegmente auf Punkt und Komma widerspiegeln. Stehen zum Beispiel die Vorzeichen beim TecDAX auf Grün, so ist die aktuelle Stimmung für Technologie- und Hightech-Werte sehr positiv. Institutionellen Vermögensverwaltern wie Fondsmanagern dienen Indizes auch als Messlatte für den Erfolg ihrer jeweiligen Fondsstrategie.

Die Deutsche Börse AG hat aus dem Prime Standard vier große Aktienindizes gebildet, um Anlegern einen besseren Marktüberblick zu ermöglichen. DAX, MDAX, SDAX und TecDAX umfassen insgesamt 160 Aktiengesellschaften, die je nach Marktkapitalisierung zu den jeweils größten Unternehmen in ihrem Bereich zählen. Die restlichen im Prime Standard notierten Firmen dienen quasi als Nachrückkandidaten, falls eine Gesellschaft aus einem Index ausscheiden muss. Die Zusammensetzung der Indizes erfolgt nach festgelegten Kriterien und wird regelmäßig überprüft.

DAX: Schwergewichte unter sich

Der Leitindex der Deutschen Börse AG umfasst die 30 größten inländischen Aktiengesellschaften. Künftig soll der DAX auch ausländischen Unternehmen offen stehen. Die Aufgabe des DAX besteht darin, ein umfassendes und zugleich repräsentatives Bild des deutschen Aktienmarktes zu zeichnen. Sein Punktestand wird an Handelstagen im Sekundentakt neu berechnet und spiegelt damit das Marktgeschehen zeitnah wider. Die Ermittlung des Indexstandes erfolgt anhand der Gewichtung der einzelnen Unternehmen im Index in Abhängigkeit von deren Kursentwicklung. Indexschwergewichte wie die Deutsche Telekom oder Siemens haben einen größeren Einfluss auf den Indexstand als kleinere Werte wie TUI oder Infineon. Die Zusammensetzung des DAX wird einmal jährlich neu festgelegt. Entscheidende Kriterien sind die Marktkapitalisierung und der Börsenumsatz. Aus den 45 größten Titeln des Frankfurter Aktienmarktes wählt die Deutsche Börse AG die 30 Indexmitglieder aus.

MDAX: Der kleine Bruder des DAX

Der MDAX ist der Auswahlindex für mittelgroße Aktiengesellschaften. Die so genannten Midcaps rangieren von der Börsengröße her gesehen unterhalb der DAX-Werte. Der MDAX umfasst 50 Gesellschaften, wobei auch ausländische Unternehmen zum Zuge kommen. Die Zusammensetzung des Index erfolgt wie beim DAX auf der Basis von Marktkapitalisierung und Börsenumsatz. Die Überprüfung findet halbjährlich statt. Erfüllt ein Unternehmen nicht mehr die MDAX-Kriterien, kann eine Umschichtung des Index auch zwischendurch erfolgen.

SDAX: Chancenreiche Spezialwerte

Der Nachfolger des früheren SMAX bietet kleineren und mittleren Unternehmen aus den klassischen Branchen sowie einigen Spezialwerten eine attraktive Plattform. Der SDAX umfasst 50 Werte, die von der Größe her unterhalb der MDAX-Unternehmen angesiedelt sind. Neben deutschen Kapitalgesellschaften umfasst der SDAX auch ausländische Werte. Die Aufnahmebedingungen sind die Gleichen wie beim MDAX.

TecDAX: Hightechs unter sich

Unterhalb des DAX unterteilt die Deutsche Börse den Aktienmarkt in klassische Branchen und Technologie-Aktien. Die wichtigsten und größten Hightech-Unternehmen an der Frankfurter Börse sind im neu geschaffenen TecDAX gelistet. Der Nachfolger des NEMAX 50 dient als Blue-Chip-Index für die 30 größten Technologiewerte an der Frankfurter Börse. Mit der Einrichtung des TecDAX ist der Deutschen Börse die Wiederbelebung der Hightech-Aktien gelungen, die nach dem jüngsten Börsencrash sowie zahlreichen Affären am ehemaligen Neuen Markt arg an Ansehen verloren hatten. Das Experiment verläuft bislang vielversprechend, der TecDAX hat seinen Wert seit seinem Tiefststand vor gut drei Jahren bis heute mehr als verdoppelt. Die Aufnahmekriterien sind mit denen der übrigen Indizes identisch.

Kapitel 4

Investmentfonds

Geldanlage für jeden Sparer

Investmentfonds sind eine ideale Geldanlage für jedermann. Egal, ob Einsteiger oder Fortgeschrittener, jung oder alt, weiblich oder männlich – für jeden Sparwunsch und für jede Risikoneigung lässt sich ein passender Fonds finden. Die Palette der über 6.000 in Deutschland angebotenen Fonds reicht von Aktien- über Rentenfonds bis hin zu Geldmarkt- und Immobilienfonds. Damit wird das gesamte Anlagespektrum von spekulativ bis absolut sicher umfassend abgedeckt.

Die Idee der Investmentfonds ist bereits über 150 Jahre alt. Die ersten in England und Schottland gegründeten Fondsgesellschaften beschränkten ihre Beteiligungen zumeist auf einige wenige Unternehmen. Die geringe Streuung der Anlagemittel brachte jedoch erhebliche Risiken mit sich. Nach etlichen Pleiten und wütenden Anlegerprotesten setzte sich nach und nach die heutige Investmentstrategie der breiten Risikostreuung und systematischen Titelauswahl durch.

Sparen mit Investmentfonds bietet viele Vorteile:

- Sie gehen ein geringeres Risiko ein als beim Kauf einzelner Wertpapiere, da Fonds die Anlagemittel in der Regel breit streuen.
- Sie genießen nicht unerhebliche Kostenvorteile, denn für Privatanleger ist es finanziell unattraktiv 50, 60 oder gar 80 Einzelwerte im Depot zu führen, wie es für Investmentfonds üblich ist.
- Sie profitieren von der Betreuung der Fonds durch professionelle Wertpapierspezialisten. Mit hohem Sachverstand und ausgeprägter Marktkenntnis versuchen Fondsmanager die Chancen und Risiken von Wertpapieren optimal einzuschätzen. Privatanleger besitzen weder das Know-how noch die Zeit, sich viele Stunden täglich mit Börsenpapieren auseinander zu setzen.

- Sie bleiben stets flexibel, da Anteile an (offenen) Investmentfonds täglich ge- und verkauft werden können. Eine Ausnahme bilden so genannte geschlossene Fonds, die die Anlegergelder zu Laufzeitbeginn einsammeln und danach das Portfolio für eine bestimmte Zeit schließen. Anteilsverkäufe sind dann nur in Ausnahmefällen möglich.

Investmentfonds basieren auf einem einfachen Prinzip

Die Fondsidee ist einfach und überzeugend: Viele Investoren stecken ihre Anlagegelder in einen großen Topf. Die Verwaltung und Steuerung des Vermögens übernimmt ein professioneller Fondsverwalter. Je nach Ausrichtung und Strategie des Fonds erwirbt der Manager Wertpapiere oder andere Vermögenswerte – für Aktienfonds kauft er Aktien, für Rentenfonds Anleihen und für Immobilienfonds Häuser und Bürogebäude.

So funktioniert ein Investmentfonds

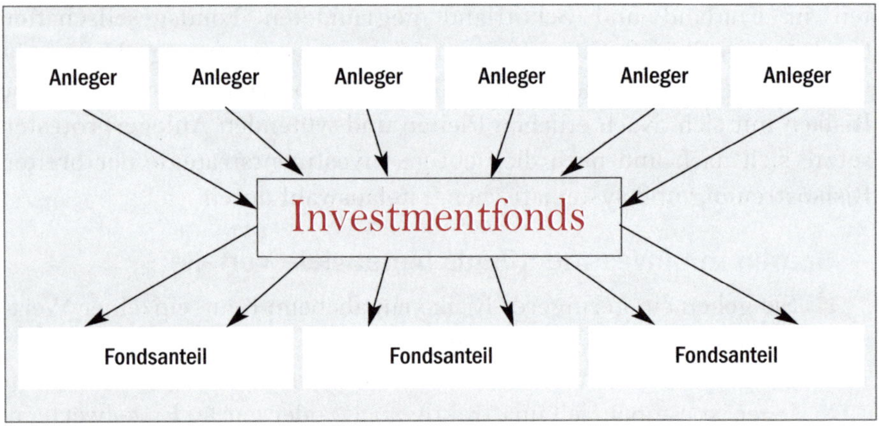

Abb. 6: Fondsschema

Die strategisch zusammengehörigen Vermögenswerte werden in einem Portfolio gebündelt. Kombiniert der Fondsmanager zum Beispiel eine Anzahl verschiedener DAX- und MDAX-Aktien, entsteht ein Aktienfonds mit Anlageschwerpunkt deutsche Aktien. Die Zusammensetzung des Portfolios ist je nach Marktlage änderbar. Hält der Fondsmanager einen Wert für nicht mehr aussichtsreich, wird der Titel verkauft und durch einen anderen, chancenreicheren ersetzt. Entsprechend der Höhe der eingezahlten Gelder kann der Fondsmanager Aktien oder Anleihen kaufen. Man spricht auch vom Anlagevolumen eines Fonds.

Jeder Fondsanteil besitzt die gleichen Chancen

Jeder Anleger erwirbt mit seinem Geld, das er in den Fonds einzahlt, einen Teil des Anlagevermögens. Entsprechend dem Betrag bekommt er Anteile am Fondsvermögen gutgeschrieben. Egal, wie hoch die einzelne Beteiligung ist, jeder Fondsanteil besitzt die gleichen Anlagechancen. Wächst das Fondsvermögen um fünf Prozent, partizipiert jeder Anteil ebenfalls zu fünf Prozent. Rechtlich gesehen sind Anleger Miteigentümer des Fondsvermögens und damit weder Gläubiger wie bei Anleihen noch Firmeninhaber wie bei Aktien. Das Fondsvermögen gilt innerhalb der Investmentgesellschaft als Sondervermögen. Vorteil: Sollte die Fondsgesellschaft in Zahlungsschwierigkeiten geraten, stehen die Fondsgelder nicht zur Disposition.

So errechnet sich der Wert eines Fondsanteils

Der Wert der Fondsanteile entsteht nicht wie bei Aktien durch Angebot und Nachfrage am Markt, sondern er wird vom Wert der im Fonds enthaltenen Vermögensbeteiligungen bestimmt. Dazu addiert die Depotbank, also die Stelle, bei der die Anteile gelagert sind, börsentäglich sämtliche Vermögenswerte des Fonds, etwa Aktien oder Anleihen, zieht davon die anfallenden Kosten und Gebühren ab und teilt das Ergebnis durch die Zahl aller ausgegebenen Anteile. Das Resultat ist der so genannte Rücknahmepreis pro Fondsanteil. Dies ist der eigentliche Richtwert für Sparer, denn der Rücknahmepreis ist die Gutschrift, die man erhält, wenn man Fondsanteile verkauft.

Ertragsausschüttung und Wiederanlage

Neben den aktuellen Kursen von Aktien oder festverzinslichen Wertpapieren wird der Wert eines Investmentfonds von Dividenden- oder Zinszahlungen beeinflusst. Einmal im Jahr schütten die meisten Fonds entsprechende Erträge aus. Manche Fonds überweisen das Geld direkt an ihre Anteilseigner, andere belassen die Erträge im Fonds und legen sie wieder neu an. Wieder anlegende Portfolios bezeichnet man als thesaurierende Fonds. Ähnlich dem Zinseszinseffekt pusht die Wiederanlage der Erträge kontinuierlich das Fondsvermögen und damit die Rendite des Fonds.

Fonds für jeden Anlagezweck

Aktienfonds – renditestark, aber nicht frei von Risiken und Nebenwirkungen

Aktienfonds sind eine sehr gute Alternative zur Geldanlage in Einzelaktien. Sie ermöglichen gleich hohe Chancen wie am Kapitalmarkt und erfordern dabei nur geringen zeitlichen und finanziellen Aufwand. Der Investor braucht sich nicht um die Suche aussichtsreicher Titel und um die ständige Aktualisierung des Portfolios zu kümmern – das erledigen die Fondsmanager. Sie überwachen die bis zu 100 Werte in einem Aktienfonds und schichten bei Bedarf um.

Privatanlegern, die bislang noch keine oder nur wenig Erfahrung mit der Börse gesammelt haben, eröffnen Aktienfonds die Möglichkeit, ihr Geld in Aktien zu investieren, ohne dabei die hohen Risiken von Einzelaktien tragen zu müssen. Der Gesetzgeber schreibt vor, dass ein Fonds höchstens fünf Prozent seiner Mittel in die Aktie eines Unternehmens investieren darf. Das bedeutet, dass Aktienfonds die Anlegergelder auf mindestens 20 verschiedene Titel verteilen müssen – in der Praxis sind es meist viel mehr.

Jeder Aktienfonds verfolgt einen bestimmten Anlagezweck. Dementsprechend sind die Portfolios nach Ländern, nach Regionen oder Branchen zusammengestellt. Anleger finden zum Beispiel:

- **Länderfonds:** z. B. deutsche, amerikanische, japanische oder indische Aktienfonds
- **Regionalfonds:** z. B. europäische, asiatische, lateinamerikanische oder osteuropäische Aktienfonds. Beliebt sind ferner aussichtsreiche Länderkombinationen wie so genannte BRIC-Fonds (Brasilien, Russland, Indien und China)

- **Branchenfonds:** im Trend liegen derzeit Rohstofffonds, Wasserfonds, Fonds für erneuerbare Energien oder Aktienfonds mit Schwerpunkt Nano- oder Biotechnologie
- **Chancenorientierte Spezialfonds:** etwa Nebenwertefonds (investieren in kleine Aktiengesellschaften), Dividendenfonds (investieren in Gesellschaften mit hohen Unternehmensausschüttungen) oder Ökofonds (erneuerbare Energien, Umwelttechnik)

Aktienfonds zählen zu den renditestärksten Geldanlagen. Oft erreichen solche Fonds zweistellige Jahresrenditen, manchmal beträgt die Wertsteigerung über 50 Prozent! Trotz der breiten Mittelstreuung unterliegen Aktienfonds nicht unerheblichen Wertschwankungen. Die durchschnittliche Wertentwicklung verläuft meist adäquat zu den jeweiligen Kapitalmärkten.

Beispiel: Deutsche Aktienfonds

Im Zeitraum von Mai 2003 bis April 2006 (drei sehr gute Börsenjahre) erzielten alle beim deutschen Fondsbranchenverband BVI registrierten deutschen Aktienfonds eine durchschnittliche Wertsteigerung von 26,3 Prozent pro Jahr. Erweitert man den Anlagezeitraum auf fünf Jahre, berücksichtigt man also einen Gutteil der letzten Börsenbaisse pro Jahr, verringert sich die Durchschnittsrendite auf 0,7 Prozent pro Jahr.

Das Beispiel zeigt, dass Aktienfonds risikobehaftet sind und den Schwankungen der Börse unterliegen. Besonders Fonds, deren Portfolios auf hochvolatilen Unternehmen fußen oder die sich innerhalb nur einer Branche bewegen, können bei Marktschwächen stark an Wert verlieren. Bestes Beispiel war der Absturz der Internetfonds während der letzten Börsenbaisse, der Anlegern teilweise bis zu 90 Prozent Wertverlust bescherte.

Anlagedauer glättet Kursschwankungen

Weniger schwankungsintensiv fallen die Renditen von Aktienfonds bei langer Anlagedauer aus. Nach BVI-Angaben gewannen deutsche Aktienfonds in den letzten zehn Jahren 9,1 Prozent pro Jahr hinzu, aus Sicht der letzten zwanzig Jahre 7,3 Prozent. Angesichts der Verstetigung der Durchschnittsrenditen bei langer Anlagedauer empfehlen sich Aktienfonds für große Anlagehorizonte. Für Investoren, die zum Beispiel Kapitalaufbau für die private Altersvorsorge betreiben möchten, sind Aktienfonds sehr zu empfehlen.

Achtung bei Einmalanlagen

Ein wichtiges Kriterium bei einmaligen Geldanlagen ist der Ein- und Ausstiegszeitpunkt. Idealerweise kauft man Aktienfondsanteile dann, wenn die Kurse niedrig sind, und verkauft sie, wenn die Kurse hoch stehen. Diese Vorgehensweise beschert den größtmöglichen Gewinn. Das Problem: Niemand weiß, wann ein signifikant niedriger Kursstand erreicht ist und es sich lohnt einzusteigen; ebenso wenig lässt sich ein wirklicher Höchststand vorhersagen. Dennoch können aufmerksame Börsenbeobachter mit einem Blick auf die Wertentwicklung des Fonds leicht feststellen, ob der Markt oder die Branche, in die der betreffende Fonds investiert, gerade ein Kursfeuerwerk liefert und neue Höchststände feiert oder ob es – umgekehrt – mit dem Fondskurs steil bergab geht.

In beiden Fällen sollten Investoren vorsichtig sein. Wer auf der Spitze eines Börsenbooms in einen Aktienfonds einsteigt, der wird es schwer haben, eine ansehnliche Rendite zu erreichen. Denn ob die erreichten Spitzenkurse weiter kontinuierlich steigen, ist fraglich. Gleiches gilt, wenn man am Beginn einer Abschwungphase investiert. Fallen die Kurse nach dem Fondskauf weiter, kann die Geldanlage unter Umständen deutlich ins Minus rutschen. Dann dauert es meist eine lange Zeit, bis das Einstiegsniveau wieder erreicht ist – erst danach dreht die Geldanlage ins Plus.

Einmalanleger sollten versuchen Börsenschwächen gezielt auszunutzen und zum Beispiel nach dem Ende von Kursrücksetzern oder Börsencrashs größere Finanzbeträge investieren. Wer unsicher ist, welche Aktienfonds die anlegerfreundlichen Attribute wie dauerhaft, stabil und überdurchschnittlich wirklich verdienen, der findet in der Zeitschrift

Finanztest der Stiftung Warentest ausführliche Informationen. Dort werden jeden Monat über 20 unabhängige Fonds-Dauertests veröffentlicht. Anhand der Bewertungszahlen können Fondskäufer feststellen, welcher Fonds wirklich lohnenswert und chancenreich ist.

Aktienfondssparpläne – Je länger die Laufzeit, desto höher die Rendite

Beim Vermögensaufbau sowie bei der privaten Altersvorsorge spielen Aktienfondssparpläne eine große Rolle. Die Statistik zeigt warum: Sparpläne rentieren umso besser, je länger der Anleger bei der Stange bleibt. Ein Grund dafür dürfte der so genannte Cost-Average-Effekt sein. Er besagt, dass bei regelmäßiger Anlage eines gleichbleibenden Geldbetrags der durchschnittliche Einstandspreis der gekauften Fondsanteile günstiger wird. Grund: Bei steigenden Kursen erwirbt der Anleger für sein Geld weniger Fondsanteile, bei fallenden Kursen erhält er entsprechend mehr Anteile. Die vielen günstig gekauften Anteile wirken bei kontinuierlicher Wertsteigerung wie ein Renditeturbo.

Eine Auswertung von Sparplan-Ergebnissen durch den BVI veranschaulicht den Vorteil des Cost-Average-Effekts deutlich: Danach erreichten Sparpläne mit deutschen Aktienfonds in den vergangenen zehn Jahren eine Durchschnittsrendite von 6,1 Prozent p.a. Bei einem Anlagezeitraum von 20 Jahren stieg die jährliche Rendite auf 8,0 Prozent und bei 30 Jahren auf sehr gute 9,4 Prozent. Der Grundsatz der wachsenden Rendite bei langer Sparplandauer lässt sich übrigens für Fondssparpläne aller Anlageklassen feststellen, wie die folgende Tabelle eindrucksvoll darstellt.

Sparplanergebnisse ausgewählter Fondsklassen

Fondsklasse	10 Jahre eingezahlt: 12.000 €	20 Jahre eingezahlt: 24.000 €	30 Jahre eingezahlt: 36.000 €
Deutsche Aktienfonds			
Wertentwicklung p.a.	6,1 %	8,0 %	9,4 %
Ergebnis in Euro	16.403 €	57.502 €	184.155 €
Europäische Aktienfonds			
Wertentwicklung p.a.	4,6 %	7,1 %	8,2 %
Ergebnis in Euro	15.187 €	51.766 €	146.811 €

Fondsklasse	10 Jahre eingezahlt: 12.000 €	**20 Jahre** eingezahlt: 24.000 €	30 Jahre eingezahlt: 36.000 €
Deutsche Aktienfonds			
Wertentwicklung p.a.	6,1 %	8,0 %	9,4 %
Ergebnis in Euro	16.403 €	57.502 €	184.155 €
Europäische Aktienfonds			
Wertentwicklung p.a.	4,6 %	7,1 %	8,2 %
Ergebnis in Euro	15.187 €	51.766 €	146.811 €
Internationale Aktienfonds			
Wertentwicklung p.a.	4,1 %	7,2 %	8,6 %
Ergebnis in Euro	14.763 €	52.319 €	159.523 €
Euro-Rentenfonds			
Wertentwicklung p.a.	3,8 %	5,5 %	6,2 %
Ergebnis in Euro	14.593 €	42.850 €	101.995 €
Internationale Rentenfonds			
Wertentwicklung p.a.	3,0 %	5,5 %	6,5 %
Ergebnis in Euro	13.996 €	42.858 €	107.955 €
Deutsche Mischfonds			
Wertentwicklung p.a.	4,6 %	7,1 %	8,4 %
Ergebnis in Euro	15.162 €	51.549 €	152.292 €
Offene Immobilienfonds			
Wertentwicklung p.a.	2,6 %	4,3 %	5,1 %
Ergebnis in Euro	13.725 €	37.545 €	83.650 €

Quelle: BVI; Einzahlung pro Monat 100 Euro. Die Ergebnisse berücksichtigen alle Kosten inklusive Ausgabeaufschlag. Durchschnittswerte der jeweiligen Fondsgruppe. Stichtag 31.3.2006

Mit Standardwerten zum Vermögen

Aus Risikogründen eignen sich zum Vermögensaufbau am ehesten mit Bestnoten ausgezeichnete Standardwertefonds. Solche Fonds tragen entweder 4 oder 5 Sterne der Ratingagentur Standard & Poors oder die Buchstaben A oder B von Feri Trust. Sie finden diese Angaben bei jedem Fondsanbieter, egal ob im Internet oder am Bankschalter. Fonds mit schlechter bzw. geringer Benotung sollten Sie besser nicht kaufen, ebenso wenig sind Branchen-, Spezial- oder Themenfonds wegen ihrer großen Schwankungsanfälligkeit empfehlenswert.

Rentenfonds – Achtbare Rendite bei ruhigem Schlaf

Rentenfonds bieten risikobewussten Anlegern einen vernünftigen Kompromiss zwischen Sicherheit und Rendite. Sie investieren in eine Vielzahl von festverzinslichen und variabel verzinslichen Wertpapieren mit unterschiedlichen Laufzeiten. In Frage kommen je nach Fondskonzept Staats- oder Unternehmensanleihen, Kommunalobligationen, Pfandbriefe oder Wandelschuldverschreibungen. Die breite Streuung gewährleistet Anlegern eine höhere Sicherheit als der Kauf einzelner Anleihen.

Eine Anleihe ist im Prinzip ein Darlehen, das einer Regierung oder einem großen Unternehmen gegeben wird. Dabei garantiert der Schuldner die Zahlung eines festgelegten Zinsbetrages bis zum Ende der Laufzeit, an dem das Darlehen insgesamt getilgt wird. Die Zinserträge fließen vollständig in die Fonds ein und bilden damit einen wesentlichen Bestandteil der Fondsrendite.

Neben den Zinserträgen beeinflussen die Kurse der Anleihen den Fondswert. Kursänderungen treten insbesondere dann ein, wenn sich die Zinsen am Kapitalmarkt bewegen. Fallende Zinsen bewirken in aller Regel steigende Anleihekurse und umgekehrt. (Warum das so ist, wird im Kapitel Anleihen erklärt.) So wie die Kurse der im Fonds enthaltenen Anleihen schwanken, so schwanken auch die Rentenfonds im Wert. Die Schwankungsbreite ist aber deutlich geringer als bei Aktienfonds. Im Vergleich zu wertstabilen Geldmarkt- oder Immobilienfonds ist die Volatilität jedoch höher. Dafür werfen Rentenfonds langfristig aber höhere Erträge ab als diese. Je nach Fondsausrichtung liegt die durchschnittliche Wertsteigerung etwa zwischen vier und sechs Prozent pro Jahr.

Rentenfonds auf einen Blick:

- **Euro-Rentenfonds:** Wer auf Nummer Sicher gehen will, sollte auf Euro-Rentenfonds setzen. Solche Fonds investieren ausschließlich in Euro-Anleihen, dadurch sind Kursschwankungen auf Grund von Währungsturbulenzen ausgeschlossen. Hinzu kommt, dass die Euro-Länder eine ausgezeichnete Bonität genießen und Zahlungsausfälle praktisch nicht mehr vorkommen. Euro-Rentenfonds eignen sich besonders als Basisanlage für mittelfristig orientierte Anleger, etwa wenn Sie auf eine Immobilie oder eine große Anschaffung sparen wollen. Außerdem sind sie als Depotbeimischung ein idealer Stabilitätsanker für den längerfristig ausgerichteten Kapitalaufbau.

- **Internationale Rentenfonds:** Bei international anlegenden Rentenfonds beeinflussen neben Zinsänderungen vor allem Währungsschwankungen die Performance. Sinkt beispielsweise der Wert des Dollars, verringert sich auch der Wert der Anteile von in Dollar notierenden Rentenfonds und umgekehrt. Fonds mit Fremdwährungsanleihen sind daher schwankungsanfälliger als Euro-Rentenfonds. Langfristig gesehen gleichen internationale Rentenfonds diese Wertschwankungen wegen des meist höheren Zinssatzes gegenüber Euro-Anleihen aber wieder aus.
  Tipp: Investoren sollten kein termingenaues Sparziel anvisieren, damit eventuelle Währungsschwächen ausgesessen werden können.

- **Fonds für Unternehmensanleihen:** Ein Spezialfall aus der Gruppe der Rentenfonds sind Fonds für Unternehmensanleihen. Hier nehmen Fondsmanager Anleihen großer nationaler oder internationaler Konzerne ins Portfolio auf. Da Unternehmen als nicht so sicher wie Staaten eingeschätzt werden, müssen sie teils deutliche Zinsaufschläge an den Kapitalmärkten in Kauf nehmen. Diesen Umstand können Anleger für sich nutzen. So erwirtschaften Unternehmens-Anleihefonds in guten Zeiten leicht zweistellige Wertzuwächse.
  Zwar bestehen erhebliche Ausfallrisiken, doch die hohen Renditeaufschläge gegenüber sicheren Staatsanleihen versüßen das Risiko des Anlegers. Zudem hält sich die Gefahr eines starken Wertverlusts in Grenzen, denn einzelne Unternehmen machen höchstens drei bis vier Prozent des Fondsvolumens aus. Aus Sicherheitsgründen sind Fonds für Unternehmensanleihen jedoch nur als Depotbeimischung von 10 bis 15 Prozent geeignet. Für den langfristigen Vermögensaufbau kommen solche Fonds für Privatanleger nicht in Frage.

Mischfonds – Anpassungsfähige Dauerläufer

Langfristig bieten Aktienfonds höchste Renditechancen. Dumm nur, dass sie auf Börsenschwächen meist mit Kursrückgängen reagieren. Wäre es da nicht sinnvoll, in unsicheren Zeiten von Aktien auf Anleihen umzuschichten und so Wertverluste des angesammelten Kapitals zu vermeiden? Die Antwort ist ein klares Ja! Mischfonds versuchen mit genau diesem Prinzip hohe Durchschnittsrendite zu erwirtschaften – mit Erfolg, wie die Tabelle der Sparplanergebnisse (Seite 37) belegt. Die Renditen offensiv ausgerichteter Mischfonds stehen denen von reinen Aktienfonds kaum nach.

Mischfonds sind ein ideales Produkt für Anleger mit wenig Zeit oder nur mäßigem Börseninteresse: Einerseits halten sie durch eine breite Anlagestreuung Kursrisiken gering, andererseits ist das Anlagekonzept flexibel und dadurch chancenreich. Zeichnet sich ein Aufschwung am Aktienmarkt ab, kann der Fondsmanager den Aktienanteil im Fonds erhöhen, herrscht Flaute an der Börse, werden verstärkt Rentenpapiere ins Portfolio aufgenommen. So verpassen Sparer keinen Aufschwung und sind bei Kursrückschlägen relativ gut abgesichert.

Vorteil: Die Schwankungsbreite vieler Mischfonds ist geringer als bei Aktienfonds, das bringt bei einem notwendigen Anteilsverkauf in schwachen Marktphasen finanzielle Vorteile.

Nachteil: Häufiges Umschichten der Anlageklassen verursacht Gebühren und diese wirken sich negativ auf die Rendite des Fonds aus.

Mischfonds lassen sich hinsichtlich ihrer Anlagephilosophie grob in drei Kategorien unterteilen:

- **Dynamische Mischfonds:** Sie setzen vorrangig auf die Chancen am Aktienmarkt. Bei Bedarf verringern die Fondsmanager den Aktienanteil ein wenig und mischen einen kleinen Teil Anleihen bei. Da dynamische Mischfonds eine ähnliche Schwankungsbreite wie Aktienfonds zeigen, sind sie für sicherheitsorientierte Anleger weniger geeignet.
- **Ausgewogene Mischfonds:** Diese auch als flexibel bezeichneten Portfolios nutzen eine große Bandbreite an Umschichtungsmöglichkeiten und reagieren damit am stärksten auf Marktschwankungen. Risikobewusste Sparer finden in ausgewogenen Mischfonds eine gute Depotgrundlage.
- **Konservative Mischfonds:** Diese Fonds sind eher defensiv ausgerichtet. Ihr Aktienanteil hält sich in Grenzen, deshalb tendieren

solche Fonds in Richtung Rentenfonds. Für den vorsichtigen Anleger sind sie daher gut geeignet.

Tipp

Achten Sie darauf, dass das Fondskonzept von Mischfonds möglichst flexibel ausgerichtet ist. So verschenken Sie keine Renditechancen und sind Marktschwankungen nicht schutzlos ausgeliefert. Ausführliche Informationen über die jeweilige Strategie finden Sie im Fondsprospekt oder bei den Fondsporträts, die Banken und Sparkassen auf ihren Internetseiten als Anlegerservice veröffentlichen.

Indexfonds – Oft besser als Aktienfonds

Indexfonds funktionieren ähnlich wie Aktienfonds. Der wesentliche Unterschied besteht darin, dass sich das Portfolio ausschließlich an der Zusammensetzung eines bestimmten Index ausrichtet, zum Beispiel des DAX oder des Euro Stoxx 50. Die Fondsmanager kaufen genau die Aktien des Index und achten zusätzlich darauf, dass die Gewichtung der einzelnen Titel im Fonds möglichst dem Vorbild entspricht. Folge: Indexfonds erreichen fast die gleiche Performance des nachgebildeten Index. Somit können Indexfonds zwar nie besser laufen als der Markt, aber auch nicht schlechter.

Indexfonds bieten zahlreiche Vorteile:

- **Gute Wertentwicklung:** Die Performance solcher Fonds ist oft besser als die vergleichbarer, aktiv gemanagter Aktienfonds, weil Fondsmanager allzu oft irren und mit ihren Anlagefehlern eine überdurchschnittliche Wertsteigerung verhindern. Auswertungen belegen, dass sich die Wertentwicklung von Indexfonds regelmäßig im oberen Drittel bis Viertel vergleichbarer Aktienfonds bewegt. Nur wenige Fondsmanager schaffen es regelmäßig, den Vergleichsindex mit ihrem Aktienfonds zu schlagen.
- **Niedrige Kosten:** Indexfonds haben deutliche Kostenvorteile. Die Fonds brauchen keinen aktiven Manager und auch ein häufiges

Umschichten des Portfolios ist nicht nötig. Die jährliche Verwaltungsgebühr beträgt deshalb höchstens ein halbes Prozent, oft liegt sie darunter.

- **Kein Ausgabeaufschlag:** Indexfonds kennen keine Ausgabeaufschläge. Anders als herkömmliche Investmentfonds werden Indexfonds fast ausschließlich an der Börse gehandelt, dafür fallen lediglich die üblichen Spesen an und ein Spread, der zwischen 0,2 und 0,3 Prozent des Kaufbetrags ausmacht. Insgesamt liegt die Kostenbelastung damit weit unter einem Prozent.
- **Aktuelle Kurse:** Börsengehandelte Indexfonds überzeugen mit fortlaufend aktuellen Kursen. Beim klassischen Aktienfonds-Handel über eine Investmentgesellschaft wird dagegen nur einmal am Tag ein Kurs festgestellt und der Kauf kann sich über Tage hinziehen. Die meisten Geldinstitute bieten ihrer Kundschaft inzwischen eine Vielzahl von börsengehandelten Indexfonds.

Garantiefonds – Airbag inklusive

Für sicherheitsorientierte Anleger sind Fonds mit Geld-zurück-Garantie erste Wahl. So genannte Garantiefonds verbinden die Chancen der Aktienmärkte mit hoher Kapitalsicherheit. In Zeiten fallender oder seitwärts tendierender Börsen sind Fonds mit Kapitalgarantie besonders sinnvoll, denn Anleger bleiben von Verlusten am Aktienmarkt verschont. Zeigt der Börsentrend jedoch konstant nach oben, erweisen sich die hohen Sicherungskosten als Renditebremser. Dann sollte man besser auf die höheren Kurschancen von klassischen Aktien- oder Indexfonds setzen.

Garantiefonds gibt es in verschiedenen Ausführungen. Die Kapitalgarantie kann sich auf einen bestimmten Rücknahmepreis, die Höhe einer Ausschüttung oder eine „Geld-zurück-Garantie“ zu einem festgelegten Termin beziehen. Das Fondsmanagement stellt die Garantie durch eine Kombination unterschiedlicher Anlageformen und Termingeschäfte sicher.

- **Geschlossene Garantiefonds:** Im Gegensatz zu offenen Fonds bieten geschlossene Garantiefonds absolute Kapitalsicherheit. Sie arbeiten hauptsächlich mit Termingeschäften auf Aktien und Indizes. Die Kurssicherung erfolgt meist über Anleihen. Geschlossene Garantiefonds sammeln bis zu einem bestimmten Termin oder bis zum Erreichen eines bestimmten Volumens Anlegergelder ein. Danach wird der Fonds für eine festgelegte Laufzeit, häufig fünf oder sechs Jahre, geschlossen. Der Ausstieg ist erst wieder am Ende der Laufzeit möglich, erst dann greift auch die Kapitalgarantie.

Ein vorheriger Verkauf von Anteilen ist zwar möglich, aber nicht empfehlenswert. Erstens muss erst einmal ein Käufer für die Anteile gefunden werden – was nicht immer gelingt. Zweitens sind unter Umständen Verluste in Kauf zu nehmen. Zudem wird bei vorzeitigem Verkauf eine Rücknahmegebühr von ein bis drei Prozent fällig.

- **Offene Garantiefonds:** Diese börsentäglich gehandelten Fonds bieten dem Käufer zwar hohe Flexibilität, dafür stehen die Fondsanteile aber nicht immer im Plus. Das Sicherungsniveau ist dynamisch und wird regelmäßig angepasst. Benötigen die Sicherheitstechniken der Fondsmanager einige Zeit, um zu greifen, können solche Garantiefonds zwischenzeitlich im Minus stehen. Wer dann Anteile verkauft, muss mit Verlusten rechnen. Anleger mit termingenauem Sparziel sollten diese Fondsvariante daher besser nicht wählen.

- **Fonds mit garantierter Mindestrendite:** Ein Spezialfall sind Investmentfonds mit garantierter Mindestrendite. Sie sichern dem Anleger für die gesamte Laufzeit eine klar definierte, sichere Verzinsung des eingesetzten Kapitals. Bei thesaurierenden Fonds mit garantierter Rendite werden auch die jeweiligen Erträge wieder im Fonds angelegt. Durch diesen Zinseszinseffekt erreicht der Anleger eine verbesserte Gesamtrendite. Da die zugesicherte Mindestrendite von den Gesellschaften eher vorsichtig angesetzt wird, können Anleger eventuell mit höherem Gewinn rechnen. Die Durchschnittsrenditen solcher Fonds liegen in etwa auf dem Niveau von Euro-Rentenfonds. Positiv: Ausgabeaufschlag und Managementgebühren sind meist deutlich niedriger als bei anderen Garantiefonds.

- **Fonds mit Höchststandsgarantien:** Neue Garantieprodukte locken mit so genannten Höchststandsgarantien. Das bedeutet, diese Fonds schreiben zwischenzeitlich erzielte Gewinne fest – eine

Eigenschaft, die klassischen Garantiefonds oft fehlt. Dadurch wird erreicht, dass der Wert der Fondsanteile nicht mehr unter den bisher erzielten Höchststand abrutschen kann. Wird zu einem bestimmten Stichtag ein neuer Spitzenwert ermittelt, gilt ab sofort dieser als Rücknahmepreis. Die Konservierung der Wertzuwächse geschieht mittels Verkaufsoptionen und anderen ausgefeilten Sicherungskonzepten. Fonds mit Höchststandsgarantie eignen sich besonders für Altersvorsorgekonzepte.

Ganz gleich, welchen Garantiefonds Sie wählen, die Absicherung hat ihren Preis. Diesen zahlen Anleger mit gebremsten Wertzuwächsen. Bei klassischen Garantiefonds partizipieren Sie nicht am vollen Kursgewinn des Marktes, sondern meist nur zu 50, 60 oder 70 Prozent. Die Partizipationsrate ist je nach Fondskonstruktion unterschiedlich. Steigt beispielsweise ein Börsenbarometer um 20 Prozent, werden bei einer 60-prozentigen Partizipationsrate zwölf Prozent Wertsteigerung an den Kunden weitergegeben. Der Rest wird für Wertsicherungskosten verwendet und dient zudem als Gewinn für die Bank.

Hedge-Fonds – Unsichere Wetten auf die Zukunft

Hedge-Fonds investieren nicht wie herkömmliche Investmentfonds in Aktien, Anleihen oder Immobilien. Anlageschwerpunkt sind vielmehr Optionen auf steigende oder fallende Kurse, Devisenspekulationen oder Warentermingeschäfte. Die Fondsmanager schließen Kurswetten ab, je nachdem, was sie gerade für richtig halten. Spekulationsobjekte können zum Beispiel Aktien, Rohstoffe, Agrarerzeugnisse oder Währungen sein. Andererseits bedeutet das Wort „hedge“ so viel wie „absichern“. Dies geschieht mittels Hedge-Fonds-Derivaten, also mit Termingeschäften und Leerverkäufen.

Hedge-Fonds unterliegen in ihren Anlagekonzepten keinerlei Beschränkungen. So können die Fondsmanager verschiedene Anlageklassen miteinander mischen und auch über Kredite Anlagegeschäfte tätigen. Im Gegensatz zu Aktienfonds, die auf steigende Kurse spekulieren, dürfen Hedge-Fonds auch auf fallende Kurse wetten. Im Ergebnis können Hedge-Fonds sowohl bei steigenden als auch bei fallenden Kapitalmärkten Gewinne erzielen.

Auf Grund der großen Hebelwirkung von Derivaten bergen Hedge-Fonds im Vergleich zu anderen Investmentfonds ein erheblich höheres Anlagerisiko. Das Problem: Die zahlreichen Wetten, die die Fondsmanager eingehen, können nur unzureichend abgesichert werden. Zwar ist die Renditeaussicht hoch, doch verrechnet sich der Fondsmanager, können sich die Fondsmittel schnell in Luft auflösen. Gehen mehrere Wetten zugleich verloren, kann die Existenz des Fonds auf dem Spiel stehen. Verstärkt wird die Unsicherheit durch die Tatsache, dass die Fondsmanager auch mit geliehenem Geld spekulieren dürfen. Das potenziert die Verlustmöglichkeit. Negativbeispiel Nummer 1 war 1998 die Fast-Pleite des US-Hedge-Fonds LTCM. Milliardenschwere Fehlspekulationen führten beinahe zum Zusammenbruch des Fonds. Dieser konnte nur durch eine hochdosierte Finanzspritze mehrerer Großbanken gerettet werden.

Trotz des hohen Risikopotentials bestehen gute Chancen, dass Anleger das Gesamtrisiko ihres Depots mit Hilfe von Hedge-Fonds verringern. Dieses auf den ersten Blick paradox klingende Resultat lässt sich dadurch erreichen, dass man Hedge-Fonds in sein Portfolio aufnimmt, die nur eine geringe Schwankungsähnlichkeit (Korrelation) zu den anderen im Depot befindlichen Werten aufweisen. Das Ziel: Die Verluste einzelner Wertpapiere sollen durch gezielte Investments in gegenläufige Wertpapiere aufgefangen werden. Diese Vorgehensweise stabilisiert das Depot und erhöht langfristig die Rendite.

Renditekiller Erfolgsprämien

Neben den hohen Risiken müssen Hedge-Fonds-Käufer üppige Gebühren tragen. So übersteigen die jährlichen Managementgebühren teurer Anbieter die Drei-Prozent-Marke, hinzu kommen nicht selten Erfolgsprämien für die Fondsmanager von zehn bis 15 Prozent vom erzielten Gewinn. Gebühren verursacht auch der Handel mit Hedge-Fonds-Zertifikaten. Der Spread zwischen An- und Verkaufskurs liegt nicht selten bei drei Prozent. Unterm Strich sind die Nebenkosten bei Hedge-Fonds deutlich höher als bei klassischen Investmentfonds. Für Kleinanleger sind Hedge-Fonds wegen der hohen Risiken und Kosten kaum empfehlenswert.

Offene Immobilienfonds – Steuergünstiger Stabilitätsanker

Jüngere Sparer bevorzugen häufig chancenreiche Geldanlagen, stabilisierende Depotelemente werden oft vernachlässigt. Doch Kursverluste passieren schneller, als man denkt. Um Teile des Depotvermögens abzusichern, sind offene Immobilienfonds ein geeignetes Mittel. Diese Fonds investieren die Gelder in gewerbliche Immobilien. Dank Mieteinnahmen und dem Handel mit Immobilien erzielen solche Fonds relativ stabile Wertzuwächse. Geringe Schwankungen und hohe steuerfreie Anteile machen sie zu einem bewährten Investment für fast jeden Anleger.

Die durchschnittliche jährliche Wertentwicklung offener Immobilienfonds lag in den letzten 30 Jahren im Schnitt mehr als doppelt so hoch wie die Inflationsrate. Das bedeutet: Im Gegensatz zu Aktienfonds hätten Sparer mit solchen Fonds in keinem Jahr Verluste gemacht. Aktuell liegen die Rendite zwischen drei und vier Prozent, bei guten Fonds auch darüber. Der hohe Ausgabeaufschlag von zumeist fünf Prozent zwingt Anleger allerdings dazu, die Anteile wenigstens ein paar Jahre zu halten.

Vorteile von offenen Immobilienfonds auf einen Blick:

- Flexible Geldanlage, denn Anteile können jederzeit gekauft oder verkauft werden. Bei geschlossenen Fonds geht das nicht.
- Breite Risikostreuung, denn das Fondsvermögen wird immer in viele Objekte gesteckt. Fällt ein Objekt aus, so kann der Verlust mit anderen Immobilien ausgeglichen werden.
- Steuern sparend, denn im Schnitt bleiben 35 bis 45 Prozent der Zuwächse steuerfrei. Erreicht wird dies durch die Wertsteigerung der Immobilien, steuerliche Abschreibungen und durch steuerfreie Veräußerungsgewinne bei Objektverkäufen. Gehören ausländische Immobilien zum Portfolio, bleiben oft mehr als 50 Prozent des Zuwachses steuerfrei.

Welche Kosten verursachen Fonds?

Die Gebühren bei Investmentfonds sind sehr unterschiedlich. Für Fonds, die einen überdurchschnittlichen Recherche- und Management-aufwand erfordern, berechnen Investmentbanken höhere Gebühren als für Fonds, die sich mit geringen Kosten und überschaubarem Betreuungsaufwand verwalten lassen. Wichtig ist, dass Sie den Faktor Kosten zwar im Auge behalten, ihn aber nicht überbewerten. Schließlich profitieren Fondssparer in erster Linie von der Wertsteigerung der Fondsanteile. Fondsinterne Kosten wie Managementgebühren sind in der Wertentwicklung aber bereits berücksichtigt.

Die wichtigsten Kostenblöcke bei der Fondsanlage sind der Ausgabeaufschlag, die jährliche Managementgebühr und die Depotkosten. Dazu können sich erfolgsabhängige Abgaben addieren, etwa Gewinnbeteiligungen für Fondsmanager, wie sie bei Hedge-Fonds üblich sind.

Fondskosten im Überblick

- **Ausgabeaufschlag:** Diese Gebühr deckt die Kosten für den Vertrieb. Sie variiert von Fondsart zu Fondsart und von Fonds zu Fonds. Aktienfonds kosten beim Kauf zwischen drei und sechs Prozent Ausgabeaufschlag, schwankungsarme Rentenfonds dagegen nur zwei bis drei Prozent. Offene Immobilienfonds verursachen Kosten von rund fünf Prozent. Käufer von Geldmarkt- oder Indexfonds zahlen oft gar keinen Ausgabeaufschlag.
- **Managementgebühr:** Sie kann je nach Aufwand für das Management des Fonds null bis zwei Prozent pro Jahr betragen. So verursachen beispielsweise Indexfonds kaum Kosten, weil sie ohne teure Unternehmensanalysen und aufwändige Marktbeobachtungen auskommen, zudem wird das Portfolio nur selten umgeschichtet. Dagegen bringen volatile Aktienfonds wegen des großen Beobachtungsaufwands und ständiger Umschichtungen eine hohe Kostenbelastung mit sich.
- **Depotkosten:** Die Verwahrung von Investmentfondsanteilen geschieht in einem Wertpapierdepot. Wenn Sie bereits Aktien oder Anleihen besitzen, können Sie Fondsanteile in das gleiche Depot legen. Berechnet Ihre Bank eine pauschale Depotgebühr, erhöht sich der Fixbetrag dadurch nicht. Etwas anderes gilt, wenn Ihr Anbieter die Depotgebühren in Abhängigkeit vom Depotwert erhebt. Jeder Fondsanteil, der den Depotwert steigert, verursacht dann etwas höhere Depotgebühren.

So sparen Sie Kosten beim Fondskauf

- **Ausgabeaufschlag**

  Kaufen Sie Investmentfonds mit Rabatt auf den Ausgabeaufschlag. Fast alle Direktbanken, Onlinebroker und Fondsshops bieten Fonds mit Rabatt – nicht selten bis zu 100 Prozent.

- **Managementgebühr**

  Versuchen Sie die jährliche Managementgebühr und die Verwaltungskosten niedrig zu halten. Dazu vergleichen Sie beim Fondskauf die so genannte Total Expense Ratio (TER). Sie zeigt die Summe aller Kosten und Gebühren im Verhältnis zum Volumen eines Investmentfonds. Nur der Ausgabeaufschlag und eventuelle Erfolgsbeteiligungen des Managements bleiben außen vor. Mit Hilfe der TER kann man relativ gut vergleichen, welcher Fonds teuer bzw. günstig gemanagt wird. Aber: Die Managementgebühr ist nicht alles. Kaufen Sie lieber einen teuren Fonds mit sehr guter Wertentwicklung als einen billigen mit schlechter. Zwei oder drei Prozent mehr Performance bringen unterm Strich einen höheren Gewinn als 0,5 Prozent weniger Kosten.

- **Orderkosten**

  Ordern Sie Fonds über die Börse. Immer mehr Banken und Sparkassen bieten börsengehandelte Publikumsfonds. Der Fondskauf über die Börse hat mehrere Vorteile: Erstens erwerben Sie quasi in Echtzeit Fondsanteile. Beim Fondskauf über die Investmentgesellschaft funktioniert das nicht. Hier werden Fondskurse oft erst einen oder zwei Tage später ermittelt, somit wissen Sie nie genau, wie teuer ein Anteil tatsächlich ist. Zweiter Vorteil sind die Gebühren. Bei einer Börsenorder fällt nämlich kein Ausgabeaufschlag an, es wird nur der Spread zwischen An- und Verkaufskurs berechnet sowie einige Zehntel an Börsenspesen. Die Kosten liegen zwischen 0,5 bis max. 2 Prozent und sind damit meist günstiger als beim klassischen Fondskauf. Hinzu kommt die Orderprovision der Bank. Diese beträgt bei Kleinorders im Onlinehandel etwa zehn bis zwanzig Euro.

So viel bekommt das Finanzamt

Kursgewinne

Bei der Besteuerung von Investmentfonds ist zwischen Kursgewinnen und Ertragsausschüttungen zu unterscheiden. Kursgewinne sind nach geltender Rechtslage nach Ablauf von einem Jahr Haltedauer steuerfrei. Das ist besonders für Aktienfonds interessant, da diese einen Großteil ihrer Zuwächse aus Kursgewinnen rekrutieren. Werden Fondsanteile binnen eines Jahres wieder verkauft, so sind die erzielten Kursgewinne voll steuerpflichtig, sobald sie die Spekulationsfreigrenze von 512 Euro pro Jahr erreichen. Liegen die Kursgewinne darunter, bleiben sie vom Zugriff der Finanzbehörden verschont. Realisieren Sie Kursverluste binnen zwölf Monaten Anlagedauer, können Sie diese mit anderen Kursgewinnen verrechnen und damit Ihre Gewinne vor dem Finanzamt „kleinrechnen".

Tipp: Doppelte Spekulationsfreigrenze dank Gemeinschaftsdepot

Ehepartner, die entweder über ein Gemeinschaftsdepot verfügen oder bei denen jeder entsprechende Wertpapiergeschäfte tätigt, dürfen jeweils den Spekulationsfreibetrag für sich nutzen. Das heißt: Bei einem Gemeinschaftsdepot verdoppelt sich die Spekulationsfreigrenze auf 1.024 Euro. Bis zu diesem Betrag bleiben Kursgewinne aus Aktienfonds vom Finanzamt verschont.

Achtung: Die Bundesregierung plant die Einführung einer Pauschalsteuer für Kapitalerträge in Höhe von 30 Prozent ab 2008 bzw. 25 Prozent ab 2009. Von dieser Steuer sind auch Kursgewinne betroffen. Die Steuerfreiheit von Wertpapierverkäufen nach einem Jahr Haltedauer soll dann entfallen. Ob die Spekulationsfreigrenze von 512 Euro pro Person bestehen bleibt, ist bislang nicht entschieden.

Dividenden und Zinsen

Steuerlich relevant sind außerdem Ertragsausschüttungen. Die Dividendenzahlungen der Unternehmen (Aktienfonds) sowie die Zinsgutschriften von Anleihen (Rentenfonds) fließen jährlich dem Fondsvermögen zu. Die Gutschriften sind gemeinsam mit anderen Kapitalerträgen in der Steuererklärung anzugeben. Besonderheit: Bei Dividendenzahlungen greift das Halbeinkünfteverfahren, das heißt nur die Hälfte der Unternehmensausschüttung ist zu versteuern. Dies trifft vor allem für Aktien- und Mischfonds zu. Demgegenüber unterliegen die Zinsgutschriften bei Rentenfonds der vollen Besteuerung. Die Veranlagungshöhe ergibt sich aus dem persönlichen Steuersatz.

In jedem Fall aber genießen Fondssparer den Vorteil des Sparerfreibetrags: Bis zu einer Höhe von 1.370/2.740 Euro (Ledige/Verheiratete) bleiben Kapitalerträge derzeit steuerfrei. Diese Grenze verringert sich jedoch ab 2007 um fast die Hälfte auf 750/1.500 Euro. Das dürfte insbesondere für Inhaber von Rentenfonds unangenehm werden, da diese ihre Renditen überwiegend durch Zinsgutschriften erwirtschaften.

Wichtig: Für die Steuerpflicht des Fondsertrags spielt es keine Rolle, ob Dividenden oder Zinsgutschriften an die Anleger ausgeschüttet oder vom Fonds wieder neu angelegt werden. Das Finanzamt unterstellt auch den thesaurierten Erträgen, dass sie den Anlegern zugeflossen sind, und fordert seinen Steueranteil.

Kapitel 5

Anleihen

Wertpapiere für vorsichtige Sparer

Was sind Anleihen?

Anleihen bieten sicherheitsorientierten Sparern eine Alternative zu verzinsten Sparprodukten von Banken. Die meisten verzinslichen Wertpapiere garantieren dem Anleger eine bestimmte Zinszahlung sowie die Rückzahlung des eingesetzten Kapitals am Laufzeitende. Sparer profitieren mit Anleihen von kalkulierbaren Renditen, die oft über denen von Banksparprodukten liegen, sowie von hoher Kapitalsicherheit. Gut sortierte Depots sollten stets einen gewissen Grundstock an festverzinslichen Wertpapieren enthalten.

Anleihen sind im Prinzip Darlehen, die Unternehmen, Staaten oder Geschäftsbanken am Kapitalmarkt aufnehmen. In diesem Fall treten nicht die Geldinstitute als Kreditgeber auf, sondern die Käufer der Anleihe, etwa Versicherungen, Fondsgesellschaften oder Privatanleger. Der Verkauf einer Anleihe geschieht folgendermaßen: Die benötigte Kreditsumme wird in Teilbeträge gesplittet, die einzelnen Teile werden als Schuldscheine (Anleihen) ausgeschrieben und anschließend an das Börsenpublikum verkauft. Privatanleger können Anleihen bei fast jeder Filial- oder Internetbank erwerben.

Mit dem Kauf einer Anleihe wird der Anleger – anders als beim Erwerb von Aktien – nicht Teilhaber am Unternehmen, sondern Gläubiger. Das bedeutet, das Unternehmen verpflichtet sich, das geliehene Geld zu einem bestimmten Zeitpunkt zurückzuzahlen – beim Kauf einer Aktie gibt es diese Garantie nicht. Als Gegenleistung für das Darlehen zahlt der Schuldner dem Gläubiger regelmäßig einen festgelegten Zins. Zinssatz und Darlehensbetrag sind auf der Anleihe verbrieft, deshalb spricht man bei Anleihen auch von festverzinslichen Wertpapieren.

Gläubiger werden vorrangig bedient

Anleihekäufer genießen gegenüber Aktienbesitzern einen wichtigen Vorteil: Gerät der Schuldner in finanzielle Schwierigkeiten oder geht das Unternehmen gar pleite, werden Gläubiger vorrangig bedient, während Anteilseigner (Aktionäre) oft leer ausgehen. Das heißt, Anleihebesitzer können mit ziemlicher Sicherheit auf eine Erstattung ihres investierten Geldes hoffen, Aktionäre kaum.

Da beim Sparen mit Wertpapieren vom Kapitalmarkt stets gilt, nicht alles auf eine Karte zu setzen, sollte man auch bei Anleihen auf eine ausgewogene Depotmischung achten. Wer sich unsicher ist, welche Anleihen zum aktuellen Zeitpunkt den größten Erfolg versprechen, der kann Anteile von Rentenfonds erwerben. Diese Fonds basieren auf einem Korb von Anleihen oder anderen verzinslichen Wertpieren mit ähnlicher Grundkonzeption.

So funktionieren Anleihen

Anleihen sind börsennotiert. Wird eine Anleihe vor Fälligkeit verkauft, sind Kursgewinne oder -verluste möglich. Die aus dem Börsenhandel resultierenden Kursschwankungen sind aber meist sehr viel geringer als bei Aktien. Positiv: Hält ein Anleger eine Anleihe bis zum Fälligkeitstermin im Depot, bekommt er seinen Einsatz auf jeden Fall komplett zurück, ein Wertverlust ist ausgeschlossen. Wegen der regelmäßigen Zinszahlungen spricht man bei Anleihen auch von Rentenpapieren. Manche Papiere sind mit einem variablen Zinssatz ausgestattet, in diesem Fall spricht man von einer „Gleitzinsanleihe“ oder einem „Floater“.

Ausstattungsmerkmale von Anleihen

Nennwert ... gibt den Wert der Anleihe an. So viel muss der Anleger am Emissionstag für das Papier bezahlen und genau so viel erhält er am Fälligkeitstag zurück. Der Nennwert ist der Geldbetrag, der verzinst wird. Wichtig ist die Stückelung. Bei Anleihen mit einem Nennbetrag von 1.000 Euro ist ein Anlagebetrag von 2.500 Euro nicht möglich.

Kupon ... verzeichnet den Zinsanspruch des Gläubigers sowie die Zinstermine. Bei jedem Zinstermin kann der Anleger einen Kupon einlösen und erhält im Gegenzug die Zinsen gutgeschrieben.

Zinssatz ... bezeichnet den Prozentsatz, mit dem der Nennwert des Papiers verzinst wird.

Laufzeit ... wird mit der Emission der Anleihe festgeschrieben. Es gibt Laufzeiten von einem Jahr bis endlos.

Fälligkeit ... zu diesem Termin wird die Anleihe zurückgezahlt.

Anleihen reagieren empfindlich auf Kursänderungen

Kursänderungen treten insbesondere dann ein, wenn sich die Zinsen am Kapitalmarkt bewegen. Fallende Zinsen wirken auf Anleihen wie ein Zinsturbo und umgekehrt. Der Grund liegt in der feststehenden Verzinsung einer aufgelegten Anleihe. Steigen die Zinsen, kommen neue Anleihen mit höheren Kupons auf den Markt. Investoren greifen nun verstärkt zu den höher verzinsten Papieren, die Älteren mit geringerem Zinssatz werden unattraktiv. Damit sie trotzdem noch Käufer finden, müssen die Kurse sinken. Erst wenn Preis und Zinssatz wieder in einem attraktiven Verhältnis zu den neu emittierten Papieren stehen, ist die Anleihe für Investoren wieder interessant.

Gleiches gilt umgekehrt: Sinkt das Zinsniveau am Kapitalmarkt, steigen die Anleihekurse. Grund: Investoren interessieren sich weniger für neue Papiere mit geringem Kupon, sondern eher für ältere Anleihen mit höherer Verzinsung. Entsprechend steigt deren Kurs, bis sich die Renditen angeglichen haben.

Wichtig: Am Anleihemarkt gilt die Regel: Je länger die Laufzeit einer Anleihe, desto stärker reagieren die Kurse auf Zinsänderungen. Diesen Umstand können Anleihe- und Rentenfondssparer nutzen. Tipp: Kaufen

Sie bei steigenden Zinsen verstärkt Papiere oder Fonds mit kurzlaufenden Anleihen (Kurzläuferfonds), damit mindern Sie das Risiko von Kursverlusten. Bei hohem Zinsniveau bzw. fallenden Zinsen lohnt sich dagegen besonders der Kauf von Anleihen mit langer Laufzeit bzw. von so genannten Langläufer(renten)fonds, damit lässt sich die Rendite hebeln.

Obwohl Funktion und Wirkungsweise von Anleihen gar nicht so schwer zu durchschauen sind, setzen sich die wenigsten Privatanleger mit dem Rentenmarkt auseinander und kaufen einzelne Anleihen. Die meisten Sparer bevorzugen Rentenfonds. Damit vertrauen sie auf einen Korb von Anleihen und auf das Geschick der Fondsmanager, den Anleihemarkt zu beobachten und entsprechend auf Veränderungen zu reagieren. Für die meisten Anleger dürfte dies der bequemste Weg sein, Kapital ohne große Schwankungsrisiken anzulegen. Dass aber auch Rentenfonds nicht risikolos sind, zeigt folgender Kasten.

Kursschwankungen am Beispiel von Rentenfonds

Rentenfonds versuchen Kursschwankungen von Anleihen geschickt zu nutzen. Leider klappt das nicht immer, wie die Wertentwicklung deutscher und europäischer Rentenfonds anschaulich zeigt. Beispiel: DWS Fonds Europäische Renten Typ O. In den drei Jahren von Anfang 2002 bis Ende 2004, also in einer Phase sinkender bzw. sehr niedriger Zinsen, konnte der Fonds seinen Wert um etwa sechs Prozent pro Jahr steigern. Betrachtet man die Entwicklung von Mitte 2005 bis Mitte 2006, also eine Phase steigender Zinsen, zeigt sich das umgekehrte Bild: Der Fonds verlor kontinuierlich an Wert. Die Minusrendite betrug mehr als ein Prozent. Ursache dafür ist der Kursrückgang der Anleihen wegen des anziehenden Zinsniveaus.

Tipp: Behalten Sie die Zinsentwicklung im Auge. Verringern Sie Ihr Engagement in Anleihen und Rentenfonds, wenn die Zinsen steigen und umgekehrt. Nutzen Sie in Phasen steigender Zinsen lieber Geldmarktfonds, Festgelder oder Tagesgeldkonten. Dort sind Minusrenditen praktisch ausgeschlossen, Ihr Kapital wächst stetig. Stagnieren die Zinsen bzw. zeigt die Zinskurve nach unten, lohnt die Rückkehr an den Anleihemarkt.

Tücken bei Kündigung oder Verkauf

Sie können Anleihen jederzeit über Ihre Bank an der Börse verkaufen. Dabei hängt der Preis vom Kursstand ab, der sich wie oben beschrieben nach Angebot und Nachfrage richtet. Trennen Sie sich von einem Papier mit vergleichsweise hohem Kupon, werden Sie in aller Regel einen guten Preis erzielen. Denn weisen die Kupons neu emittierter Anleihen eine niedrigere Verzinsung auf, so wird die Nachfrage nach dieser Anleihe hoch sein und der Kurs sehr wahrscheinlich über 100 Prozent notieren (über pari) – das verspricht Kursgewinne. Kurs- und Zinsgewinne zusammen ergeben die effektive Verzinsung des Papiers. Notiert die Anleihe aber unter pari, also unter 100 Prozent, dann drohen Kursverluste, wenn Sie das Papier pari oder über pari gekauft haben. Die effektive Rendite wird in diesem Fall geringer ausfallen als die eigentliche Verzinsung der Anleihe. Bei Anleihen, die in Dollar oder einer anderen Währung notieren (Fremdwährungsanleihen), addiert sich zum Kurs- noch das Währungsrisiko.

Vorzeitige Kündigung: Der Emittent einer Anleihe ist berechtigt, diese vorzeitig zu kündigen. Die Anleihe läuft dann nicht bis zum vereinbarten Laufzeitende, sondern sie wird vorher zurückgezahlt. Dies macht für den Schuldner vor allem dann Sinn, wenn die Zinsen gesunken sind. Er tilgt die alten, vergleichsweise teuren Schulden und legt zugleich neue, niedrig verzinste Anleihen auf. Der Nachteil ist klar auf Seiten des Anlegers, weil er einen Zinsausfall erleidet. Um das Minus abzufedern und den Gläubiger nicht vollständig zu verprellen, versüßt der Schuldner die Kündigung meist mit einem Aufschlag auf den aktuellen Rückzahlungskurs oder mit einem extra Zinsbonus. Dem Anleger bleibt in diesem Fall nichts anderes übrig, als sich eine neue Anleihe zu suchen. Tipp: Manche Emittenten verzichten bei der Ausstattung ihrer Anleihe auf das Kündigungsrecht, das erhöht die Anlagesicherheit.

Das Wechselspiel von Bonität und Risiko

Im Vergleich zu anderen Wertpapieren ist das Risiko von Anleihen zwar gering, aber nicht gleich null. Wichtigster Gradmesser des Risikos ist die Bonität des Schuldners. Gilt ein Emittent als Wackelkandidat bzw. ist er bereits durch schlechte Zahlungsmoral aufgefallen, dann sind Geldgeber vorsichtig, schließlich lauern bei Zahlungsausfall Zinsverluste und bei Bankrott sogar der Totalverlust des angelegten Kapitals. Will ein solcher Aussteller eine Anleihe begeben, muss er mit hohen Zinsen locken, damit Investoren anbeißen. Entsprechend ist es nicht verwunderlich, dass Schwellenländer wie Argentinien, die in der Vergangenheit bereits negativ aufgefallen sind, auf ihre Anleihen einen Risikozuschlag zahlen müssen, während Deutschland mit bester Bonität glänzt und seine Anleihen nur mit einem geringen Zins auszustatten braucht.

Möchten Sie eine Anleihe kaufen, sollten Sie sich über die Bonität des Schuldners gründlich informieren. Am einfachsten geschieht dies mit Hilfe der Einstufungen durch Ratingagenturen. Solche Institute bewerten laufend die Kreditwürdigkeit von Anleiheemittenten. Mit ihren Einschätzungen bieten sie einen sehr guten Anhaltspunkt, wie es um die Zahlungsfähigkeit des Schuldners bestellt ist. Ratings sind bei der Bewertung von Renditechancen und Risiko inzwischen unverzichtbar. Sie dienen auch als Grundlage für die Festlegung des Zinskupons. Die bekanntesten unter den Agenturen sind die US-amerikanischen Häuser Standard & Poors und Moodys.

Ratingnoten beurteilen die Bonität eines Emittenten

Beurteilung	Ratingnote Moody's	 Standard & Poor's	Bewertung
Sehr sicher, fast kein Risiko	Aaa, Aa1, Aa2, Aa3	AAA, AA+, AA, AA-	Erstklassige Anleihe, sehr hohe Finanzkraft des Emittenten, Zins und Tilgung außergewöhnlich sicher
Sicher, geringes Risiko	A1, A2, A3 Baa1, Baa2, Baa3	A+, A, A- BBB+, BBB, BBB-	Gute bis durchschnittliche Anleihe, solide Finanzlage, bei Zins und Tilgung bestehen erste moderate Risiken
Spekulativer Bereich, hohes Risiko	Ba1, Ba2, Ba3 B1, B2, B3	BB+, BB, BB- B+, B, B-	Schlechte Anleihe, spekulativ, hohe Ausfallwahrscheinlichkeit bei Zins und Tilgung
Schrottanleihe oder Junk Bond	Caa, Ca, C	CCC, CC, C	Hochriskante Anleihe, Schuldner steckt bereits in Zahlungsschwierigkeiten, Totalausfall von Zins und Tilgung nicht ausgeschlossen

Arten von Anleihen

Anleihen werden von unterschiedlichen Emittenten begeben. Staaten, Kommunen, Unternehmen, Banken – egal, ob öffentlich oder privat –: fast alle Organisationen borgen sich mittels Anleihen Geld am Kapitalmarkt.

Öffentliche Anleihen

Die größten und aktivsten Emittenten an den Anleihemärkten sind Staaten, Länder und Kommunen. Rund um den Globus finanziert sich die öffentliche Hand mit Krediten vom Kapitalmarkt. Die Bandbreite reicht von risikoarmen Papieren der großen Industrienationen bis hin zu unsicheren Anleihen von Dritte-Welt-Staaten, so genannten Emerging-Market-Anleihen.

In Deutschland sind Bundesanleihen die am weitesten verbreitete Form festverzinslicher Wertpapiere. Vorteil: Bundesanleihen sind eine sehr sichere Geldanlage, da die öffentliche Hand als Schuldner für diese Papiere eintritt. Entsprechend der hohen Bonität genießen Bundesanleihen höchste Ratingnoten, was sie als Stabilitätsanker für ein gut diversifiziertes Depot empfiehlt. Außerdem besitzen sie ein hohes Handelsvolumen, so dass Anleger solche Papiere jederzeit problemlos kaufen und verkaufen können.

Viele Privatanleger kennen Bundesschatzbriefe als eine Form öffentlicher Anleihen, andere sind Bundesanleihen, Bundesobligationen und Finanzierungsschätze des Bundes. Bundesschatzbriefe und Finanzierungsschätze haben den großen Vorteil, dass sie keinen Wertschwankungen unterliegen. Dagegen weisen Bundesobligationen wegen ihrer Börsennotierung Kursschwankungen auf.

Tipp: Bei der Bundesschuldenverwaltung in Bad Homburg können Sie Bundeswertpapiere gebührenfrei erwerben und auch verwahren lassen. Nähere Informationen unter Tel. 06172/108-222 oder im Internet unter ww.bwpv.de.

Bewertung: Besonders geeignet für sicherheitsorientierte Sparer. Öffentliche Anleihen erreichen aber stets nur durchschnittliche Renditen.

Unternehmensanleihen

Viele Konzerne besorgen sich heute Geld am Anleihemarkt. Weil Unternehmen als nicht so sicher gelten wie Staaten, müssen sie meist einen Risikozuschlag zahlen. Solche Zinszuschläge können Anleger erfreuen, solange die Unternehmen ihren Zahlungsverpflichtungen nachkommen. Wer sich sicher ist, dass BMW, Telekom oder Commerzbank & Co ihre Verpflichtungen erfüllen, der erhält einen attraktiven Zinsaufschlag gegenüber Staatsanleihen.

Immerhin muss man den Unternehmen zugute halten, dass sie stark bestrebt sind, Zinsen und Tilgungen stets fristgerecht zu leisten – auch in finanziell schwierigen Zeiten. Das liegt daran, dass Unternehmen bei einem Zahlungsausfall herbe Rückstufungen ihrer Bonität drohen mit der Folge, dass sie bei der nächsten Anleihe deutlich höhere Zinsen zahlen müssen. Die nachstehende Tabelle zeigt den Zusammenhang zwischen schlechter Bonität und hohem Zinskupon sehr deutlich. Während die Deutsche Bank mit guter Bonität nur geringe Zinsen zu zahlen braucht, muss Wackelkandidat ProSiebenSat1 mit 11,25 Prozent Schuldzins tief in die Tasche greifen.

Unternehmensanleihen im Vergleich

Emittent	ISIN	Zinskupon	Fälligkeit	Kurs	Rendite	Bonität
Dt. Bank	DE0003933362	2,64 %	06/2013	102,25	2,38 %	A1
Dt. Telekom	XS0158875673	6,13 %	04/2012	103,60	3,69 %	A3
Bayer	XS0145758040	6,0 %	04/2012	108,38	4,38 %	A3
Renault	FR0000489767	6,13 %	06/2009	106,00	4,03 %	Baa1
Ford Motor	DE0002483005	5,25 %	06/2008	95,30	7,66 %	Ba2
ProSieben-Stat1	XS0151428470	11,25 %	07/2009	108,00	8,53 %	–

Stand: Mai 06

Bewertung: Wegen des erhöhten Risikos sollten Anleger bei Unternehmensanleihen Vorsicht walten lassen und nur einen kleinen Teil ihres Geldes (max. zehn Prozent) investieren. Um Risiken besser abzufedern, ist der Kauf von Rentenfonds zu empfehlen, die auf Unternehmensanleihen setzen.

Pfandbriefe

Pfandbriefe sind festverzinsliche Wertpapiere, die von Hypothekenbanken, Pfandbriefanstalten und Landesbanken emittiert werden. Die Ausgabe von Pfandbriefen dient hauptsächlich der Finanzierung von Baukrediten. Meist sind diese Wertpapiere durch erstrangige Hypotheken oder Kredite der öffentlichen Hand gesichert. Da fast alle Pfandbriefe höchste Ratingnoten besitzen, sind sie als Geldanlage für sicherheitsorientierte Sparer besonders interessant. Kauf und Verkauf erfolgen genauso wie bei anderen Anleihen über öffentliche und private Banken.

Pfandbriefe besitzen die gleichen Ausstattungsmerkmale wie andere Anleihen, also Kaufkurs, Nennwert, Nominalverzinsung, Laufzeit und Rendite. Der Zinssatz wird zu Emissionsbeginn festgelegt und ändert sich während der gesamten Laufzeit nicht. Die Zinsen werden jährlich gut geschrieben. Vorteil: Pfandbriefe bieten regelmäßig höhere Zinsen als Bundesschatzbriefe, gelten im Prinzip aber als genauso sicher.

Tipp: Am günstigsten fahren Anleger, wenn sie direkt bei einer Hypothekenbank kaufen, die ihre Papiere kostenfrei abgibt und verwahrt, etwa die DePfa (Deutsche Pfandbriefbank). Beim Kauf von Pfandbriefen sollten Sie so genannte Jumbo-Pfandbriefe bevorzugen. Als „Jumbos" bezeichnet man Papiere, deren Emissionsvolumen mindestens 500 Millionen Euro umfasst. Es handelt sich dabei um festverzinsliche, endfällige Anleihen mit jährlicher Zinszahlung. Vorteil der Jumbos: Sie werden aufgrund ihrer Größe aktiv am Kapitalmarkt gehandelt. Im Gegensatz zu kleineren Pfandbriefemissionen haben Privatanleger damit keine Probleme, diese Papiere vor Laufzeitende jederzeit wieder zu verkaufen.

Bewertung: Sehr sichere Geldanlage im Bereich der verzinslichen Wertpapiere. Renditen liegen meist leicht über Bundesanleihen.

Wandelanleihen

Eine spezielle Anleiheform sind Wandelanleihen. Die von Unternehmen herausgegebenen Schuldverschreibungen können Anleger zu jeweils festgelegten Bedingungen in Aktien tauschen – müssen es aber nicht. Wandelanleihen verbinden die Kurschancen von Aktien mit denen festverzinslicher Wertpapiere. Gewinne erzielen Anleger zum einen durch Zinszahlungen des Emittenten, zum anderen durch die Wertsteigerung der

Anleihe selbst. Der Kurs einer Wandelanleihe hängt von der Entwicklung der Aktie ab. Es gilt: Steigt die Aktie (Basiswert), steigt auch der Anleihekurs und umgekehrt. Wandelanleihen können Renditen im zweistelligen Bereich erwirtschaften. Bei Kursturbulenzen sind die Papiere dank des festen Zinses und der garantierten Rückzahlung des Nominalwertes am Ende der Laufzeit nach unten abgesichert.

Als Käufer sollten Sie vor allem auf das Umtauschverhältnis, den Wandlungspreis und die Umtauschprämie achten. Das Umtauschverhältnis gibt die Zahl der Aktien an, die Sie im Falle eines Umtauschs erhalten. Der Wandlungspreis nennt den Aktienkurs, zu dem Sie berechtigt sind, die Anleihe zu tauschen. Der Tausch lohnt immer dann, wenn der Aktienkurs über dem Wandlungspreis liegt. Die Umtauschprämie ist ein Aufschlag, den der Anleger an den Emittenten zahlen muss. In der Regel beträgt er 20 bis 30 Prozent. Das heißt, um so viel müsste die Aktie steigen, damit der Umtausch interessant wird.

Bewertung: Wandelanleihen besitzen oft sehr unterschiedliche, komplizierte Wandlungsbedingungen. Für Laien sind solche Papiere nicht immer leicht zu durchschauen. Zusätzlich besteht ein erhöhtes Anlagerisiko, weil Anleihe- und Aktienemittent identisch sind. Gerät das Unternehmen in finanzielle Schwierigkeiten, kann die Rückzahlung des eingesetzten Kapitals samt Zinsen gefährdet sein.

Aktienanleihen

Eine weitere Spezialform sind Aktienanleihen. Diese Wertpapiere sind in ihrer Wertentwicklung an eine bestimmte Aktie gekoppelt, zugleich sind sie mit einem Zinskupon ausgestattet. Das Positive: Die Zinsen, die oft im zweistelligen Bereich liegen, werden in jedem Fall gezahlt, egal ob die Aktienanleihe im Wert steigt oder fällt. Das Risiko: Der Emittent kann am Laufzeitende (meist 12 bis 15 Monate) wählen, ob er dem Anleger den Nennwert der Anleihe plus Zinsen überweist oder eine bestimmte Anzahl Aktien zuzüglich Zinsen liefert.

Das Prinzip: Liegt der Preis der Aktie am Fälligkeitstag über dem festgelegten Basispreis oder ist er gleich hoch, bekommt der Anleger seinen vollen Einsatz in bar zurück. Liegt der Kurs jedoch darunter, zahlt der Emittent nicht den Barwert aus, sondern liefert Aktien, die allerdings weniger wert sind als der ursprüngliche Einsatz. Der Anleger kann dann mit den Aktien machen, was er will, zum Beispiel auf eine Kurserholung warten oder die Papiere sofort veräußern.

Das Verlustrisiko wird dem Anleger mit einem üppigen Zins versüßt. Es gilt: Je größer das Risiko ist, auf Kursverlusten sitzen zu bleiben, desto höhere Zinsen bietet die Aktienanleihe. Das Risiko lässt sich allerdings begrenzen. Dazu muss man auf Aktienanleihen setzen, bei denen der Basispreis deutlich unter dem Aktienkurs angesetzt ist. Diese Papiere werden mit einem hohen Preisabschlag zum Basiswert (Aktie) offeriert. In diesem Fall ist die Aktienanleihe zwar nur gering verzinst, dafür ist aber das Risiko geringer, am Laufzeitende statt dem eingesetzten Geld niedrig bewertete Aktien zu bekommen. Liegt der Wert der Aktie bei Fälligkeit nur gering unter dem Basispreis, ist der Anleger zumeist trotzdem im Plus, da die Zinszahlung den Aktienverlust wettmacht.

Tipp: Durch einen Verkauf vor Laufzeitende können Sie jederzeit vorhandene Kursgewinne realisieren. Allerdings geht die Zinszahlung dann verloren.

Bewertung: Das Engagement in Aktienanleihen ist weniger riskant als der Erwerb von Einzelaktien. Denn Anleger verlieren prozentual weniger, wenn der Aktienkurs fällt. Das macht Aktienanleihen zu einem geeigneten Anlageinstrument in schwachen Börsenphasen. Bewegen sich die Kurse nur geringfügig nach unten oder oben, ist mit Aktienanleihen oft mehr Geld zu verdienen als mit Aktien. Umgekehrt gilt: In stark steigenden Börsen bremsen Aktienanleihen die Gewinnchance.

Gebühren und Steuern

Gebühren

Bei der Geldanlage in Anleihen müssen Sie Gebühren und Steuern berücksichtigen. Während beispielsweise Sparkonten (Banksparpläne, Schatzbriefe, Festgelder) in der Regel gebührenfrei sind, kostet der Kauf von Anleihen Gebühren. Filialbanken berechnen bei Kauf und Verkauf von festverzinslichen Wertpapieren eine Provision von 0,4 bis 1,0 Prozent des Kaufpreises. Günstiger wird es bei Direktbanken und Onlinebrokern. Der Kauf über das Internet verursacht meist Pauschalgebühren je nach Orderhöhe zwischen 10 und 50 Euro. Nicht zu vergessen ist die Verwahrung der Papiere im Wertpapierdepot, was ebenfalls Kosten verursacht.

Zwischen 0,015 bis 0,05 Prozent vom Kurswert berechnen klassische Filialbanken, Internetanbieter geben sich mit zehn bis zwanzig Euro Pauschalpreis pro Jahr zufrieden.

Steuern

- **Zinsgewinne:** Zinsen sind Kapitaleinkünfte. Sie unterliegen der Steuerpflicht, sobald die Erträge den Sparerfreibetrag übersteigen. Die Steuern werden fällig, wenn die Zinsen dem Sparer zufließen. Bei herkömmlichen Anleihen und Pfandbriefen geschieht dies zum Zeitpunkt der Kuponzahlung. Ein Sonderfall sind so genannte Null-Kupon-Anleihen (auch Zero-Bonds genannt). Sie zahlen keine jährlichen Zinsen, dafür notieren sie deutlich unter ihrem Rückzahlungskurs. Zinsgewinne sammeln sich hier in Form von Kursgewinnen an. Folge: Der Zeitpunkt des Ertragszuflusses verschiebt sich nach hinten, in Richtung Laufzeitende bzw. Verkaufstag.

- **Kursgewinne:** Im Unterschied zu den Zinserträgen sind die Kursgewinne von Anleihen bislang steuerfrei, sobald ein Jahr Haltedauer überschritten ist. Wenn Sie also Papiere erwerben, die möglichst viel Kursgewinn einfahren und möglichst wenig Zinsen ausschütten, stehen Sie nach Ablauf eines Jahres steuerlich gut da. Werden die Anleihen jedoch binnen Jahresfrist wieder veräußert, sind die Kursgewinne steuerpflichtig, sobald die Steuerfreigrenze von 512 Euro überschritten ist. Achtung: Die Bundesregierung möchte eine pauschale Abgeltungssteuer auf alle Kursgewinne einführen und zugleich die Steuerfreiheit von Spekulationsgewinnen abschaffen!

- **Sonderfälle Zero-Bonds und Aktienanleihen:** Die Finanzbehörden zählen die sich anhäufenden Kursgewinne bei Null-Kupon-Anleihen, die sich aus der wachsenden Differenz zwischen Kaufkurs und Verkaufskurs ergeben, hundertprozentig zum steuerpflichtigen Zinsertrag. Folge: Kursgewinne müssen im Jahr der Fälligkeit voll versteuert werden. Ähnliches gilt für Aktienanleihen: Da diese Wertpapiere zu den so genannten Finanzinnovationen zählen, sind sämtliche realisierte Kursgewinne stets steuerpflichtig.

Kapitel 6

Zertifikate

Wertpapiere für jede Börsenlage

Zertifikate sind ohne Zweifel die bedeutendste Wertpapiererfindung der letzten Jahre. Ende der neunziger Jahre kamen an der Frankfurter Börse die ersten Papiere auf den Markt. Heute misst sich ihre Zahl nach Zehntausenden, der Umsatz geht in die Milliarden. Der Erfolg der Papiere liegt darin, dass ihre Konstruktion und Ausgestaltung meist einfach und leicht nachvollziehbar ist. Zudem bieten Zertifikate Investitionsmöglichkeiten für fast alle Sparziele und beinahe jede Börsenlage. Zwar sind manche Produkte eher etwas für fortgeschrittene Anleger, doch es gibt zahlreiche Zertifikatarten, die auch für Börseneinsteiger geeignet sind.

Zertifikate verstehen sich quasi als Ergänzung oder Alternative zum Direktinvestment in Aktien, Rohstoffe, Währungen oder Investmentfonds. Je nach Anlageziel ist die Ausgestaltung von Zertifikaten sehr unterschiedlich. Anleger können mit Hilfe von Zertifikaten Aktien mit Rabatt kaufen, mit Hebelfunktionen ihre Renditechancen anheizen oder mit bestimmten Boni Auf- und Abwärtsbewegungen an den Börsen ausnutzen. Selbst bei fallenden Börsenkursen können Zertifikate hilfreich sein, zum Beispiel in Form von Garantiepapieren. Wie beim Fondssparen sind auch mit Zertifikaten Sparpläne und sukzessiver Vermögensaufbau möglich. Bevor man sich für ein Zertifikat entscheidet, sollte man sich über Aufbau und Funktionsweise der Papiere informieren.

Was sind Zertifikate?

Zertifikate sind Wertpapiere, deren Wertentwicklung an einen so genannten Basiswert gekoppelt ist. Als Basiswert kommen Aktien, Aktienkörbe oder ein ganzer Aktienindex in Frage. Als Richtwert können aber auch Devisen, Zinsen oder Rohstoffe dienen. Die Wertentwicklung des Zertifikats geschieht eins zu eins zum Basiswert oder in einem bestimmten Verhältnis zu diesem. Anleger können Zertifikate börsentäglich kaufen und verkaufen. Dabei sollte man darauf achten, ob die Papiere in ihrer Laufzeit begrenzt sind oder nicht.

Rechtlich gesehen handelt es sich bei Zertifikaten um Schuldverschreibungen von Banken. Auch wenn sie sich zumeist auf Aktien oder Aktienkörbe beziehen, zählen Zertifikate doch zu den Anleihen. Der Käufer erhält ein Schuldrecht gegenüber dem Emittenten, dem er vorübergehend sein Geld überlässt, Eigentums- und Aktionärsrechte an den zu Grunde liegenden Aktien sind damit nicht verbunden. Zwar besitzt der Anleger ein Recht auf Rückzahlung seines Kapitals, doch das ist auch die einzige Gemeinsamkeit zwischen einem Zertifikat und einer Anleihe. Zertifikate verfügen nämlich weder über eine feste Verzinsung noch einen fest vereinbarten Rückzahlbetrag am Ende der Laufzeit.

Zertifikate bieten viele Vorteile:

- Mit dem Kauf eines Zertifikats können Sie einen ganzen Markt in einem Papier erwerben. Wollten Sie beispielsweise alle Aktien des DAX in Ihrem Depot nachbilden, so müssten Sie 30 verschiedene Aktientitel kaufen – mit einem DAX-Indexzertifikat erwerben Sie die gleichen Chancen und Risiken zu einem viel günstigeren Preis.
- Der Preis eines Zertifikats ist nicht abhängig von Angebot und Nachfrage an den Kapitalmärkten, sondern entwickelt sich in Relation zum Basiswert. Die Wertentwicklung ist meist leicht nachvollziehbar.
- Da Zertifikate praktisch jederzeit handelbar sind, können Anleger schnell auf Marktänderungen reagieren.

Zertifikatarten – Für jede Anlagestrategie das passende Papier

Die Welt der Zertifikate ist sehr vielfältig. Vom konservativen Garantie- bis zum spekulativen Turbo-Zertifikat gibt es für jede Anlagetaktik und für jede Risikoneigung das passende Papier. Einfache Konstruktionen wie Indexzertifikate sind eine gute Erfindung und eine echte Alternative für Börsianer. Andere Papiere, etwa Turbo-Zertifikate, sind dagegen kompliziert und eignen sich nur für Wertpapier-Profis. Im Folgenden möchte ich eine Auswahl populärer und leicht verständlicher Zertifikate näher vorstellen.

Indexzertifikate – Ein ganzer Markt in einem Papier

Indexzertifikate sind bei Anlegern sehr beliebt. Geringe Kosten und gute Renditechancen bei moderatem Risiko sprechen für diese Wertpapiere. Der Aufbau ist ganz einfach: Ein Indexzertifikat bildet immer einen zu Grunde liegenden Aktienindex 1 : 1 nach, zum Beispiel den DAX oder den Euro Stoxx 50. Auch die Gewichtung der einzelnen Aktien im Index wird zu gleichen Anteilen übernommen. Daher schwankt ein Indexzertifikat im Prinzip parallel zu dem entsprechenden Börsenindex.

Eine Abweichung besteht im Bezugsverhältnis: Indexzertifikate besitzen selten den gleichen Börsenwert wie der Markt. Ansonsten würde das Papier viel zu teuer. Bei einem DAX-Stand von 6.000 Punkten würde ein gleich teures DAX-Zertifikat 6.000 Euro kosten. Um Anlegern den Kauf zu erleichtern, wird der Börsenindex in einem bestimmten Verhältnis abgebildet, meist 1 : 10 oder 1 : 100. Das DAX-Zertifikat kostet dann entsprechend 600 oder 60 Euro.

Die Wertsteigerung ist leicht nachvollziehbar. Bei einem Bezugsverhältnis von 1 : 100 steigt oder fällt das Zertifikat immer um ein Hundertstel des Marktwerts. Steigt der Index um 100 Punkte, gewinnt das Zertifikat also einen Punkt. In Euro: Steigt der DAX von 6.000 auf 6.100 Punkte, dann verdient der Anleger einen Euro. Die Wertentwicklung beträgt in diesem Fall – entsprechend dem Index – etwa 1,7 Prozent.

Positiv: Indexzertifikate schneiden im Renditevergleich mit Aktienfonds oft besser ab, weil viele Fondsmanager es nicht schaffen, trotz aktiver Fondsverwaltung den zu Grunde liegenden Vergleichsindex zu schlagen. Falsche Anlageentscheidungen bremsen leider allzu oft die Wertentwicklung von Aktienfonds. Andererseits gilt: Gute Aktienfonds können durchaus besser laufen als ihr Vergleichsmarkt, bei Indexfonds geht das nicht.

Kosten: Es fallen weder Ausgabeaufschläge noch Managementgebühren an. Kosten entstehen lediglich durch den Spread, also die Spanne zwischen An- und Verkaufskurs. Dieser beträgt bei Indexpapieren nur 0,1 bis

0,2 Prozent. Gewinne fahren die Banken dadurch ein, dass sie die jährlichen Dividenden nicht dem Zertifikat gutschreiben. Nur bei den etwas teureren Perfomance-Indexpapieren werden die Dividenden dem Zertifikat angerechnet. Für Langzeitsparer sind diese Papiere daher zu empfehlen, weil die Dividendengutschriften die Renditechance erhöhen.

Bewertung: Indexzertifikate sind kostengünstig, leicht verständlich und überzeugen dank ihrer breiten Risikostreuung mit überschaubaren Kursrisiken. Für langfristig orientierte Anleger, auch mit wenig Börsenerfahrung, gut geeignet.

Basketzertifikate – Börsentrends gezielt ausnutzen

Wenn Sie mit bestimmten Aktien aus einer Branche oder einer Region liebäugeln, dann sollten Sie sich die Vorzüge von Basketzertifikaten näher anschauen. Diese Wertpapiere bündeln wie in einem Einkaufskorb (engl. Basket) Aktien aussichtsreicher Unternehmen aus einem bestimmten Sektor. So können Sie mit nur einem Papier an der Wertentwicklung chancenreicher Branchen oder Regionen teilhaben. Beispielsweise gibt es Zertifikate, die Aktien aus den Bereichen Solarenergie, Wassertechnik, Edelmetalle oder Nanotechnologie bündeln. Geld lässt sich auch mit Sportereignissen verdienen. Ausgefallene Zertifikate setzen beispielsweise auf Aktiengesellschaften, die am Aufbau der Olympischen Spiele in Peking beteiligt sind oder an der Vorbereitung der nächsten Fußballweltmeisterschaft in Südafrika.

Basketzertifikate laufen nur selten unbegrenzt. Meist endet ihre Laufzeit nach drei bis sechs Jahren. Am Ende der Laufzeit bekommt der Anleger den Wert des Aktienkorbs ausgezahlt, der sich anteilig aus dem Gesamtwert aller darin enthaltenen Aktien ergibt. Während der Laufzeit schwankt der Wert des Zertifikats. Eine Garantie, dass das Papier am Ende im Plus steht, gibt es nicht. Daher sollten Sie den Kursverlauf stets im Auge behalten. Sind ansehnliche Kursgewinne vorhanden, kann es sinnvoll sein, das Papier zu verkaufen.

Achtung: Dank der Aktienstreuung besitzen Basketzertifikate zwar geringere Kursrisiken als der Kauf einer Einzelaktie. Stürzt aber die gesamte Branche oder Region ab, kann ein entsprechendes Zertifikat schnell an Wert verlieren.

Tipp: Nutzen Sie Basketzertifikate deshalb nur als Depot-Beimischung!

Kosten: Beim Kauf von Basket- oder Themenzertifikaten sind in der Regel Ausgabeaufschläge von ein bis drei Prozent fällig, selten mehr. Manchmal erhebt der Emittent eine jährliche Managementgebühr. Diese fällt an, wenn die Zusammensetzung des dem Zertifikat zu Grunde liegenden Aktienkorbs in regelmäßigen Abständen überprüft und geändert wird.

Bewertung: Praktische, aber sehr spekulative Zertifikatvariante, mit der Anleger gezielt die Chancen eines Aktiensegments wahrnehmen können. Wegen der begrenzten Laufzeit der Papiere und der höheren Schwankungsrisiken von Teilmärkten sollte man vorsichtig agieren und höchstens einen kleinen Geldbetrag investieren. Für sicherheitsorientierte Sparer ungeeignet.

Discountzertifikate – Aktien mit Rabatt

Der Name ist Programm: Mit Hilfe von Discountzertifikaten können Anleger Aktien billiger erwerben. Zehn bis fünfzehn Prozent beträgt der durchschnittliche Preisnachlass gegenüber dem jeweils aktuellen Aktienkurs, in Ausnahmefällen auch mehr. Der Rabatt stellt eine Art Sicherheitspuffer dar, falls die Kurse nachgeben.

Als Gegenleistung für diese Sicherheit ist der Gewinn begrenzt. Klettert der Preis des Zertifikats über eine festgelegte Obergrenze, den so genannten Cap, zahlt die Bank nur den Cap-Betrag aus, den Rest behält sie als Prämie für den ursprünglich gewährten Rabatt ein. Es gilt das Prinzip: Je näher der Cap am aktuellen Kurs des Basiswerts (der Aktie) liegt, desto höher ist der gewährte Rabatt und umgekehrt. Am Ende der Laufzeit des Zertifikats ist entscheidend, ob der Kurs des Basiswerts über dem Cap liegt oder nicht. Liegt der Kurs darunter, bekommt der Anleger die Aktie geliefert. Liegt er darüber, wird der Gewinn in bar ausgezahlt.

So funktioniert ein Discountzertifikat

Ein Anleger kauft ein Zertifikat mit zehn Prozent Rabatt. Kostet der Basiswert (die Aktie) 50 Euro, erwirbt er den Schein also für 45 Euro. Während der Kurs der Aktie unbegrenzt steigen kann, hat der Discounter eine festgeschriebene Obergrenze. Dieser Cap ist zum Beispiel auf 60 Euro festgelegt. Das bedeutet: Das Zertifikat kann maximal um 30 Prozent (15 Euro) steigen. Der Anleger bekäme also höchstens 60 Euro ausgezahlt, der Aktienbesitzer eventuell mehr. Andererseits fährt der Discountbesitzer bei 60 Euro Verkaufspreis einen um fünf Euro bzw. zehn Prozent höheren Gewinn ein als der Aktienbesitzer, wenn beide zeitgleich ihre Papiere gekauft haben. Grund: Der Aktionär hat 50 Euro bezahlt, der Zertifikatekäufer nur 45.

Positiv: Anleger profitieren vor allem bei gering steigenden oder unverändert bleibenden Börsen: Denn pendelt der Aktienkurs bei Fälligkeit des Zertifikats in Höhe des Ausgangsniveaus, so erhält der Käufer genau diesen Betrag bzw. die Aktie zu diesem Preis. Da er aber das Discountzertifikat mit Rabatt gekauft hat, bleibt ihm der Rabatt als Gewinn. Nur bei stark steigenden Kursen fällt der Gewinn des Zertifikats hinter den der Aktie zurück.

Kosten: Beim Kauf von Discountzertifikaten fällt ein Spread zwischen 0,5 und 1,5 Prozent an.

Bewertung: Chancenreiche, aber sehr spekulative Zertifikatvariante, die eher für fortgeschrittene Anleger geeignet ist.

Bonuszertifikate – Unbegrenzte Gewinnaussichten

Treten die Kurse an den Aktienmärkten auf der Stelle oder geben sie leicht nach, sind Bonuszertifikate ein ideales Investment. Diese Papiere bieten hohe Gewinnchancen bei gemindertem Risiko. Grund: Bonuszertifikate besitzen eine Sicherheitsschwelle. Bis zu dieser festgelegten Marke kann der Kurs des Papiers sinken und der Anleger erhält am Ende der Laufzeit trotzdem seinen Einsatz samt Finanzbonus zurückgezahlt. Damit nicht genug: Unterschreitet der Kurs die Sicherheitsschwelle, so ist der Anlagebetrag keineswegs verloren. Erstens kann sich der Kurs erholen und der Anleger erneut profitieren oder er erhält als Gegenwert den Basiswert (die Aktie) erstattet und kann damit auf spätere Kursgewinne spekulieren.

Neben der Sicherheitsschwelle besitzen Bonuszertifikate einen Bonus-

Level. Dieser Grenzwert befindet sich oberhalb des Börsenkurses der zu Grunde liegenden Aktie und gibt den Rahmen vor, in dem der Finanzbonus ausgeschüttet wird.

So funktionieren Bonuszertifikate

Beispiel: Ein Bonuszertifikat im Wert von 100 Euro besitzt eine Sicherheitsschwelle bei 70 Euro und einen Bonus-Level bei 120 Euro. Der Käufer erhält demnach eine Bonuszahlung, wenn sich der Kurs der zugrunde liegenden Aktie am Fälligkeitstag zwischen 70 und 120 Euro bewegt. Das Zertifikat wird dann zum Preis von 120 Euro vergütet, obwohl es nur 100 Euro gekostet hat. Positiv: Selbst wenn der Basiswert von 100 auf 71 Euro zurückfällt, gewinnt das Zertifikat 20 Prozent (im Beispiel 20 Euro) hinzu! Ein Aktienbesitzer müsste in diesem Fall 29 Euro Verlust in Kauf nehmen. Steigt der Kurs über 120 Euro, partizipiert der Anleger in vollem Umfang am Gewinn. Bei einem Aktienkurs von 140 Euro erhält er einen Bonus von 40 Euro ausgezahlt. Fällt der Kurs unter 70 Euro, liefert die Bank die Aktie, der Bonus entfällt.

Positiv: Der Wert des Bonuszertifikats klettert mit nach oben, solange der Kurs der zu Grunde liegenden Aktie bzw. des Index steigt. Die Gewinne sind nach oben hin nicht begrenzt, wie es bei Discountzertifikaten der Fall ist. Damit der Emittent den Bonus ausschütten kann, behält er üblicherweise die Dividendenzahlungen ein.

Kosten: Die Gebühren von Bonuszertifikaten halten sich in Grenzen. Weder Ausgabeaufschläge noch Verwaltungsgebühren fallen an. Lediglich der Spread sowie die üblichen Börsenspesen werden berechnet. In der Regel betragen die Kosten weniger als ein Prozent der Kaufsumme.

Bewertung: Spekulative Zertifikatvariante, für sicherheitsorientierte Sparer ungeeignet. Risikobewusste Börsenneulinge können mit kleinen Beträgen jedoch erste Erfahrungen sammeln.

Garantiezertifikate – Sicher ist sicher

Garantiezertifikate sind das optimale Produkt für risikoscheue Anleger, die kein Geld verlieren, aber trotzdem an den Chancen des Kapitalmarkts teilhaben wollen. Die emittierende Bank investiert die Anlegergelder in einen bestimmten Aktienkorb, oft aus einem einzigen Index. Der Anleger hofft nun auf die Wertsteigerung der zu Grunde liegenden Aktien, weil damit auch der Wert seines Zertifikats steigt. Allerdings partizipiert der Investor immer nur zu einem bestimmten Prozentsatz an der positiven Wertentwicklung der Basiswerte. Bei manchen Produkten zahlt die Bank auch einen Zinskupon, dessen Höhe von der Entwicklung der einzelnen Aktien abhängig ist. Im Gegenzug verzichtet der Sparer auf Dividendenzahlungen der Unternehmen.

Funktionsweise: Notiert das Zertifikat zu festgelegten Stichtagen über dem Ausgangskurs bzw. über bestimmten Kursschwellen, so erhält der Anleger einen prozentualen Anteil an der Kursdifferenz als zusätzliche Zahlung oder Wertsteigerung gut geschrieben. Notiert das Zertifikat am Stichtag unter der Ausgangsschwelle, so entfällt zwar die Zusatzzahlung, es bleibt aber immer bei der garantierten Rückzahlung des eingesetzten Kapitals am Laufzeitende. Das heißt mit Garantie-Zertifikaten können Anleger das Verlustrisiko praktisch ausschließen.

Wichtig: Die Kapitalgarantie greift stets erst zum Laufzeitende! Wird das Zertifikat früher verkauft, können Kursverluste entstehen.

Kosten: Die Verkaufsgebühren betragen bis zu drei Prozent des Anlagebetrags.

Bewertung: Hohe Kapitalsicherheit der angelegten Gelder, dafür ist die Gewinnmöglichkeit beschränkt. Für sicherheitsorientierte Sparer gut geeignet.

Verkaufsgebühren sind oft nicht alles

Kosten und Gebühren, die beim Erwerb eines Zertifikats anfallen, sind vielfältig und für Privatanleger oft nur schwer zu durchschauen. Die Ausgabepreise, welche die Banken berechnen, betragen je nach Art des Zertifikats zwischen null und vier Prozent. Beim Kauf über die Börse fällt zudem der so genannte Spread an. Diese Spanne zwischen An- und Verkaufskurs kann zwischen 0,1 und fünf Prozent betragen, je nachdem, um welches Zertifikat es sich handelt. Hinzu addiert sich die Ordergebühr der Bank. Filialbanken berechnen üblicherweise Gebühren wie beim Aktienkauf, also zwischen 0,5 und 1,0 Prozent vom Kaufbetrag, Direktbanken berechnen meist Pauschalsätze ab etwa zehn Euro pro Order. Manche Zertifikate verursachen jährliche Managementgebühren von bis zu 1,5 Prozent.

Unterm Strich lässt sich sagen, dass die meisten Zertifikate in etwa ähnliche Gebühren verursachen wie Aktienfonds, auch wenn das viele Banken bestreiten werden. Insbesondere die versteckten Ausgabegebühren werden gern verschwiegen. Doch es gibt sie. Nach einer Studie der Universität Münster liegen die Ausgabekurse bei Zertifikaten um bis zu vier Prozent über dem fairen Wert der Basiswerte. Diesen Bewertungsspielraum stecken sich die Banken in die eigene Tasche.

Tipp: Indexzertifikate überzeugen mit sehr niedrigen Gebühren.

Komplizierte Steuerberechnung

Die Besteuerung von Zertifikaten ist in Deutschland nicht einheitlich geregelt. Bislang werden die meisten Zertifikate wie Optionen besteuert. Danach zählen Kursgewinne zu den „Einkünften aus privaten Veräußerungsgeschäften“. Wird das Papier länger als ein Jahr gehalten, sind realisierte Kursgewinne steuerfrei. Das gilt auch für Zertifikate auf so genannte Performanceindizes (Indexzertifikate), bei denen ausgeschüttete Dividenden zusätzlich in die Wertentwicklung einfließen. Bei Veräußerung innerhalb eines Jahres Haltedauer fallen zu 100 Prozent Steuern an, das Halbeinkünfteverfahren greift bei Zertifikaten nicht.

Dem gegenüber stehen Zertifikate, die die Finanzbehörden als „Finanzinnovation“ einstufen. Bei solchen Papieren zahlt der Emittent entweder Zinsen oder er garantiert, dass das eingesetzte Kapital mindestens zu einem Teil wieder zurückgezahlt wird. Gewinne aus Garantiezertifikaten oder Ähnliches werden daher nicht wie Spekulationsgewinne behandelt, sondern als Einkünfte aus Kapitalvermögen und unterliegen somit der Kapitalertragsteuer. Die einjährige Spekulationsfrist gilt in diesem Fall nicht, lediglich der Sparerfreibetrag für Zinserträge wird anerkannt.

Besonderheit Discountzertifikat

Wird ein solches Zertifikat länger als ein Jahr im Depot gehalten, sind realisierte Kursgewinne ebenfalls steuerfrei. Zahlt die Bank bei Fälligkeit des Discounters statt Bargeld Aktien, so sind mögliche Verluste, die man mit dem Zertifikat erlitten hat, nicht mit anderen Kursgewinnen verrechenbar. Für die gelieferten Aktien beginnt die einjährige Spekulationsfrist von vorn.

Welches Produkt als „Finanzinnovation" gilt und welches nicht, ist oft nur schwer einzuschätzen. Auch bleibt es ein Geheimnis der Finanzbehörden, warum risikoarme Produkte wie Garantiezertifikate als „Finanzinnovation" gelten und schwer durchschaubare Neukonstruktionen wie so genannte Rolling-Discounter nicht. Auf jeden Fall sollte man sich vor dem Kauf eines Zertifikats genau über dessen Steuerstatus informieren, um nicht am Ende böse Überraschungen zu erleben.

Kapitel 7

Aktien

Keine Angst vor dem Börsenklassiker

Aktien sind die Klassiker am Börsenmarkt. Die Wertpapiere zählen nicht nur zu den ältesten Vermögensbeteiligungen, sondern auch zu den beliebtesten. Vorreiter beim öffentlichen Verkauf von Unternehmensbeteiligungen war die „Vereinigte Ostindische Kompanie", die sich bereits 1602 mit der Ausgabe von Aktien frisches Geld zum Bau neuer Schiffe besorgte. Im Lauf der Zeit entwickelte sich die Ausgabe von Aktien zur wichtigsten Finanzierungsmöglichkeit für die Wirtschaft. Viele industrielle und technologische Entwicklungen wären ohne die Ausgabe von Aktien gar nicht möglich gewesen.

Der Erfolg der Aktie basiert vor allem auf der hohen Gewinnchance für Investoren. Keine andere Anlageform brachte im historischen Vergleich mehr Rendite. Während Anleger mit Aktien langfristig zumeist zweistellige Gewinne einfahren, bringen es festverzinsliche Wertpapiere nur auf sechs, höchstens sieben Prozent. Zwar ist es verständlich, dass sich viele Sparer die hohen Gewinnchancen von Aktien nicht entgehen lassen wollen, doch darf nicht übersehen werden, dass die Aktienanlage erhebliche Risiken birgt. Kursrückgänge und ausbleibende Dividendenzahlungen können den Wert einer Aktienanlage deutlich schmälern. Bevor man sich an die Börse wagt, heißt es daher: Ausgiebig informieren und die Funktionsweise der Kapitalmärkte verstehen lernen.

Ein wichtiger Punkt vor dem Kauf von Aktien ist die Klärung der individuellen Risikobereitschaft. Vorsichtige, sicherheitsorientierte Sparer, die Kapitalschwankungen oder gar Verluste nur schwer ertragen können, sind am Aktienmarkt fehl am Platz. Wer dem Auf und Ab der Börsenkurse jedoch gelassen gegenübersteht und optimistisch darauf vertraut, dass seine Wertpapiere langfristig überdurchschnittliche Kursgewinne erzielen werden, der sollte die Chancen des Aktienmarkts nicht verschenken. (Näheres siehe dazu Kapitel 2: Welcher Anlegertyp bin ich?)

Die Aktienanlage sollte stets im Rahmen der finanziellen Möglichkeiten geschehen. Für Anleger mit geringem Vermögen ist ein Direktinvestment in Einzelaktien prinzipiell nicht zu empfehlen. Die Verlustgefahren und die möglichen Auswirkungen auf das eigene Vermögen bzw. den gewohnten Lebensstandard sind einfach zu groß. Wer dagegen über größere Vermögenswerte verfügt, diese nicht unmittelbar benötigt und im Falle von Wertverlusten den finanziellen Ausfall ohne Probleme verkraften kann, der sollte über ein Engagement in Aktien ernsthaft nachdenken. Mit der Wahl der richtigen Wertpapiere und einer geeigneten Anlagestrategie erweist sich die Aktienanlage langfristig fast immer als Erfolg. Als oberste Grundsätze sollten dabei stets gelten: Nicht alles auf eine Karte setzen! Kein punktgenaues Sparziel terminieren!

Was ist eine Aktie?

Wer eine Aktie kauft, wird Teilhaber an einem Unternehmen. Denn Aktien sind Wertpapiere, die einen Anteil am Kapital einer Aktiengesellschaft verbriefen. Alle Aktien zusammen bilden das Grundkapital des Unternehmens. Sinn und Zweck der Ausgabe von Aktien besteht in erster Linie im Beschaffen frischen Geldes. Firmen verkaufen Anteile ihrer Gesellschaft an Investoren, um mit dem Geld neue, zukunftsweisende Geschäfte tätigen zu können oder Expansionen voranzutreiben. Der Verkauf von Anteilscheinen ist eine kostengünstige Alternative zum Bankkredit. Bei einem Kredit muss sich das Unternehmen verschulden und obendrein noch Zinsen zahlen.

Nennwert und Kurswert

Aktienkäufer erhalten heute zwar keine Papierurkunden mehr, lediglich virtuelle Stücke werden noch ins Depot gebucht. Am Prinzip einer Aktie hat das aber nichts geändert: Aktien besitzen immer noch einen Nennwert und einen Kurswert. Der Nennwert gibt an, in welcher Höhe der Käufer Anteile an einer Aktiengesellschaft erwirbt. Mit 100 Aktien zu je 50 Euro besitzt ein Investor 5.000 Euro Grundkapital an einer Gesellschaft. Seit der Einführung des Euro werden Nennwertaktien zunehmend von Stückaktien verdrängt, die ebenfalls einen bestimmten Bruchteil am Grundkapital einer Gesellschaft verbriefen.

Im Gegensatz zum Nennwert orientiert sich der Kurswert einer Aktie an Angebot und Nachfrage am Kapitalmarkt. Der Kurs ist letztlich der Preis, den eine Aktie am Börsenparkett erzielt. Die Kurshöhe ist in erster Linie Ausdruck von erfolgreichen oder weniger erfolgreichen Geschäften der Aktiengesellschaft. Des weiteren wird der Kurs durch die Konjunktur sowie die allgemeine Stimmungslage an den internationalen Börsen beeinflusst. Für Aktionäre ist der Kurswert einer Aktie der entscheidende Preis, denn diesen müssen sie letztlich an der Börse bezahlen bzw. so viel Geld erhalten sie beim Verkauf eines Papiers zurück.

Rechte und Pflichten von Aktionären

Welche Rechte und Pflichten Sie als Aktionär haben, hängt davon ab, ob Sie im Besitz von Stammaktien oder Vorzugsaktion sind. Der Normalfall sind Stammaktien, kurz „Stämme" genannt. Diese gebräuchlichste Aktienform garantiert zum Beispiel einen Anspruch auf Beteiligung am Unternehmensgewinn. „Stammaktionäre" dürfen ferner an der jährlichen Hauptversammlung des Unternehmens teilnehmen und dort ihr Stimmrecht ausüben. Da die Entscheidungen nach der Höhe des vertretenen Aktienkapitals zustande kommen, haben Kleinaktionäre allerdings nur wenig Mitsprachemöglichkeiten. Überdies verbrieft eine Stammaktie den Anspruch auf anteiligen Verkaufserlös, falls die Aktiengesellschaft aufgelöst wird.

Wie der Name vermuten lässt, genießen Besitzer von Vorzugsaktien bestimmte Vorrechte. So erhalten Inhaber von Vorzugsaktien meist eine höhere Dividende als „Stammaktionäre" oder besitzen bestimmte Dividendenvorrechte, etwa einen Nachzahlungsanspruch, falls die Dividendenzahlung in einem Jahr ausfällt. Der Preis für die Besserstellung von Vorzugsaktionären ist der Verzicht auf das Stimmrecht bei Hauptversammlungen. Dennoch kann es sich lohnen, das Angebot möglicher Vorzugsaktien anzunehmen, denn „Vorzüge" werden in der Regel zu geringeren Kursen gehandelt als „Stämme", können also günstiger erworben werden.

Warum schwanken Aktienkurse?

Eine Aktie kann innerhalb von Minuten erheblich an Wert gewinnen oder verlieren. Wie ist das möglich? Vereinfacht gesagt reagieren die Kurse deshalb, weil es mehr oder weniger Nachfrage für ein bestimmtes Papier gibt. In der Praxis funktioniert das so: Viele Verkäufer bieten eine Aktie an, aber nur wenige Käufer fragen das Papier nach. Folge: Der Preis fällt. Das geht solange, bis sich zu einem niedrigeren Kurs genügend Käufer für die angebotene Menge an Aktien finden. Gleiches gilt umgekehrt: Fragen viele Käufer ein bestimmtes Papier nach und sind nicht so viele Aktien am Markt vorhanden, steigt der Preis. Das geht wiederum solange, bis genügend Börsianer für den dann höheren Preis bereit sind, ihre Aktien zu verkaufen.

Kursbewegungen vorherzusagen ist schwierig. Aktienkurse reagieren auf die unterschiedlichsten Meldungen, zum Beispiel auf neueste Unternehmensdaten, auf Konjunkturprognosen, auf Meldungen aus Wirtschaft und Politik, etwa die jüngsten Inflationsdaten, Arbeitslosenzahlen, Leitzinserhöhungen etc. Negativ auf den Aktienmarkt wirken sich zumeist auch internationale Krisen oder die Ankündigung von Kriegen aus (ausgenommen auf Rüstungstitel). Kursänderungen ganzer Branchen lösen regelmäßig positive oder negative Wirtschaftsmeldungen aus diesem Bereich aus, etwa die Bekanntgabe von Verkaufszahlen bei Autos oder eine Absatzkrise bei Computerchips. Umgekehrt können Friedens- und Handelsabkommen oder bahnbrechende Forschungsergebnisse stimulierend auf Börsenkurse wirken.

Stellt sich die Frage: Wann ist der richtige Zeitpunkt für einen Kauf- oder Verkaufsauftrag? Der ungarische Börsenaltmeister André Kostolany hatte dazu eine klare Meinung: „Wenn die Börse auf gute Nachrichten nicht mehr reagiert (steigt), herausgehen – und wenn schlechte Nachrichten keine Wirkung mehr haben, hereingehen." Entscheidend dafür, dass Marktteilnehmer reagieren, sind Meldungen und Informationen, die die wirtschaftliche Entwicklung des Unternehmens betreffen oder den Gesamtmarkt beeinflussen. Positive Unternehmensnachrichten oder Analystenkommentare rufen in der Regel Käufer auf den Plan; Meldungen über Umsatz- und Gewinnrückgänge oder Hiobsbotschaften wie millionenschwere Schadenersatzforderungen führen naturgemäß zu einer großen Zahl von Verkaufsaufträgen und damit zu fallenden Kursen. Um mit Ihren Erwartungen richtig zu liegen, sollten Sie die wichtigsten Einflussfaktoren des Aktienmarkts kennen.

Nachrichten, die Aktienkurse bewegen

Konjunkturprognosen

Die Großwetterlage an der Börse wird vor allem durch die Konjunkturentwicklung bestimmt. Befindet sich die Weltwirtschaft in guter Verfassung, schlägt dies in aller Regel auf die Volkswirtschaften der einzelnen Länder durch. Da an der Börse stets Zukunft gehandelt wird, gilt das Prinzip: Eine florierende Wirtschaft ist die Grundlage für signifikantes Wirtschaftswachstum. Dies führt im Ergebnis zu höheren Unternehmensgewinnen und diese sind Voraussetzung für steigende Aktienkurse und umgekehrt.

Für Sie als Aktienkäufer ist es wichtig zu wissen, dass die Börse solche Entwicklungen immer antizipiert. Es gilt also, ein Anziehen der Konjunktur vorauszuahnen. Denn nur wer am Beginn eines Aufschwungs mit dabei ist, erntet am Ende ein großes Stück vom Kuchen. Werden die Bilanzen von Unternehmen in den Medien veröffentlicht, ist es meist schon zu spät. Berichte über gestiegene oder gefallene Wirtschaftsleistungen beziehen sich immer auf eine zurückliegende Periode – zu diesem Zeitpunkt ist der Börsenzug bereits abgefahren. Doch wie erkenne ich, dass ein Auf- oder Abschwung bevorsteht?

Wichtige Frühindikatoren

- **Umfragen:** Erfahrene Börsianer bevorzugen Stimmungstests und Frühindikatoren, um einen Aufschwung zu erahnen. Regelmäßig ermittelt werden beispielsweise der Ifo-Geschäftsklimaindex für Deutschland oder der Einkaufsmanager-Index in den USA. Diese Umfragen zeigen mit einem Vorlauf von etwa einem halben Jahr recht zuverlässig, welchen Weg die Wirtschaft alsbald einschlagen wird. Grund: Die befragten Entscheidungsträger und Einkäufer in den Unternehmen wissen sehr genau, welche Investitionen sie demnächst tätigen werden und welche Erwartungen sie damit verbinden. Weist der gemessene Wert über einen bestimmten Zeitraum einen stabilen Aufwärts- oder Abwärtstrend auf, so wird sich die Konjunktur mit ziemlicher Sicherheit in diese Richtung bewegen. Beim Ifo-Index gilt ein Rückgang oder Anstieg über drei aufeinander folgende Monate als zuverlässiger Trend.

- **Auftragseingänge:** Ein wichtiger Frühindikator sind die Auftragseingänge in den Unternehmen. Schließlich sorgt die heute bestellte Ware für die Auslastung der Produktion von morgen. Weniger Bestellungen beispielsweise verheißen eine geringere Produktion und damit auch sinkende Umsätze und Gewinne. Folge: Das Wirtschaftswachstum verlangsamt sich, die Aktienkurse geben nach. Wesentlich für die weiteren Geschäftsaussichten sind die Bestellungen von langlebigen Investitionsgütern. Sie zeigen die Erwartung der Unternehmen in die Zukunft an, denn nur wer längerfristig investiert, ist für einen größeren Zeitraum optimistisch gestimmt und bereit, sich umfangreich zu verschulden.
- **Konsumentenverhalten:** Ähnlich dem Auftragseingang in Unternehmen lässt sich auch am Konsumentenverhalten die wirtschaftliche Stimmung messen. Gradmesser des Konsums sind die regelmäßig ermittelten Einzelhandelsumsätze. Geben die Verbraucher kontinuierlich mehr Geld aus, spricht das für ein Anziehen der Konjunktur. Sinken dagegen die Ausgaben, muss man sich auf eine eher schwächere Wirtschaftsleistung einstellen.

Unternehmensnachrichten

Neben der allgemeinen Wirtschaftslage beeinflussen vor allem konkrete Unternehmensnachrichten die Börsenkurse. Zur Pflichtlektüre eines jeden Börsianers gehört die laufende Berichterstattung aus Wirtschaft und Politik, insbesondere Marktberichte aus den bevorzugten Anlagesektoren und Branchen, sowie die neuesten Unternehmensnachrichten. Denn erst konkrete Zahlen vermitteln dem Anleger ein aussagekräftiges Bild über den Zustand eines Unternehmens, dessen Geschäftsaussichten und damit über das Börsenpotential.

Die wichtigsten Informationsquellen

- **Jährlicher Geschäftsbericht:** Aktiengesellschaften unterliegen regelmäßigen Publizitätspflichten. Ein aufschlussreicher Eckpfeiler für Aktienkäufer ist der jährliche Geschäftsbericht. Er enthält Informationen zu Umsätzen, Gewinnen oder Verlusten des Unternehmens. Des weiteren erfährt der Anleger Näheres über die weiteren Geschäftsaussichten und die künftige Strategie der Gesellschaft, z. B. über größere Investitionsvorhaben oder Fusions- und Expansionspläne.

Allerdings ist es nicht immer leicht, die Daten und Bilanzen richtig einzuordnen. Manchmal manipulieren Unternehmen sogar ihre Bilanz, zum Beispiel durch überhöhte Abschreibungen. Wer nicht gerade Betriebswirtschaft studiert hat, kann zum besseren Verständnis die Kommentare von Analysten oder Fachleuten in der Wirtschaftspresse lesen. Solche Artikel ordnen die vorgelegten Bilanzen leicht verständlich ein. Auf jeden Fall sollten Sie darauf achten, ob die Geschäftsentwicklung die Erwartung der Analysten übertrifft oder verfehlt und wie das Unternehmen die Zukunftsaussichten beurteilt. Sind beide Aussagen positiv, kann ein Investment sinnvoll sein.

- **Quartalsbericht:** Neben dem jährlichen Abschlussbericht verlangt die Deutsche Börse von Unternehmen aus dem Prime Standard vierteljährliche Quartalsberichte. Sie dienen dazu, den Geschäftsverlauf eines Unternehmens über das Jahr hinweg kontinuierlich verfolgen zu können. Mit ihrer Hilfe lassen sich Spekulationen über besonders gut oder schlecht laufende Geschäfte oder anderweitige wilde Gerüchte zeitnah überprüfen. Bei unvorhergesehenen Entwicklungen kann der Anleger sofort reagieren. Besonders interessant ist die Umsatz- und Ertragsentwicklung im abgelaufenen Quartal sowie der Ausblick auf die folgenden Monate.

  Im Quartalsbericht informiert das Management auch über die Einhaltung der im Geschäftsbericht oder zu Beginn des Jahres aufgestellten Unternehmensziele. Liegt das Unternehmen weit unter dem Plan und zeichnet sich für die nächsten Monate keine Verbesserung der Geschäftsentwicklung ab, kann das Management eine Gewinnwarnung herausgeben. Damit macht die Gesellschaft unmissverständlich klar, dass die angestrebten Unternehmensziele im laufenden Jahr nicht erreicht werden – für Aktienbesitzer ein

Alarmsignal! Genauso gut kann die Geschäftsleitung aber auch die Prognosen anheben, was für einen Kauf der Papiere spricht.

- **Ad-hoc-Meldung:** Kursbeeinflussende Nachrichten müssen der Öffentlichkeit sofort und allgemein zugänglich unterbreitet werden. Mittels so genannter Ad-hoc-Mitteilungen geben Unternehmen beispielsweise Fusionspläne oder den Verkauf von Kernbereichen ihrer Gesellschaft unmittelbar bekannt, melden neueste Übernahmeangebote, die Ein- und Ausgliederung von Firmenteilen, geplante Kapitalschnitte oder eine drohende Überschuldung. Angezeigt werden muss auch die Änderung der Dividendenausschüttung, der Kauf einer großen Zahl eigener Aktien oder die Erteilung wichtiger Patente.

  Durch die zeitnahe Information erhalten Anleger die Möglichkeit, auf kursrelevante Fakten schnell zu reagieren. Das soll verhindern, dass so genannte Insider, die solche Fakten bereits vorab kennen, ihren möglichen Wissensvorsprung in ungerechtfertigter Weise für sich nutzen. Für kurzfristig orientierte Anleger, die auf geringe Kurssteigerungen spekulieren, sind Ad-hoc-Meldungen besonders wichtig. Sie sollten sich ständig, zum Beispiel über das Internet, auf dem Laufenden halten.

  Tipp: Die Deutsche Börse AG stellt im Internet unter der Rubrik „Privatanleger" kostenlos Ad-hoc-Meldungen und weitere Unternehmensnachrichten bereit. Bei Langzeitinvestments spielen Unternehmensnachrichten allerdings nur eine Nebenrolle, es sei denn sie kündigen schwerwiegende Entwicklungen an, etwa den Konkurs der Gesellschaft.

Die Zinspolitik der Zentralbank

Auch die Zentralbank beeinflusst durch ihre Zins- und Geldmengenpolitik die Konjunktur. Das geht beispielsweise so: In einer wirtschaftlichen Flaute lohnt es sich für Unternehmen kaum zu investieren, da sie keinen Erfolg für ihre Investition erwarten. Um die Investitionen anzukurbeln, drehen die Banker den Geldhahn auf und senken die Zinsen. Billiges Geld macht Investitionen und Neuanschaffungen günstiger, was die Erfolgsaussichten betrieblicher Investments stark erhöht.

Das gilt aber nicht nur für Unternehmen, sondern auch für Privathaushalte. Niedrige Zinsen regen den Konsum an und damit das Wirtschaftswachstum. Auch die Bautätigkeit hängt stark von privaten Investitionen und damit von niedrigen Zinsen ab. Nicht zuletzt nutzt auch der Staat niedrige Zinslasten, um eigene Investitionsvorhaben (Straßenbau, neue Schulen etc.) günstig zu finanzieren. Börsianer sollten daher die Zinspolitik der Zentralbank aufmerksam verfolgen.

Fallende Zinsen stimulieren Aktienkurse

Eine Faustregel besagt: Steigende Zinsen sind Gift für Aktienkurse, da sie Investitionen verteuern und damit bremsen. Fallende Zinsen beflügeln hingegen betriebliche und private Ausgaben und wirken so wie ein Katalysator auf die Börse.

Die Zinsentwicklung beeinflusst auch die Anlageentscheidungen der Privatanleger und wirkt sich damit indirekt auf Wirtschaft und Börse aus. Bei einem niedrigen Zinsniveau sind zum Beispiel festverzinsliche Geldanlagen wenig lukrativ. Um höhere Renditen zu erzielen, wächst die Bereitschaft vieler Sparer, das Geld an der Börse anzulegen. Folge: Die Aktienkurse steigen. In Fachkreisen wird dieses Phänomen Liquiditätshausse genannt. Kommen nun erste positive Nachrichten aus dem Unternehmenssektor hinzu bzw. kündigen Frühindikatoren das Ende einer wirtschaftlichen Flaute an, kann sich die Aufwärtsbewegung an der Börse verstetigen.

Der Einfluss der Preise

Die Preisentwicklung verfolgen Börsianer gewöhnlich mit Argusaugen. Dabei gilt: Stagnieren die Verbraucherpreise oder entwickeln sie sich rückläufig, dann befindet sich die Konjunktur in einer Talsohle. Folge: Die Umsätze der Unternehmen gehen zurück, die Gewinne sinken, entsprechend auch die Börsenkurse. Anleger sollten in einer solchen Situation warten, bis der Rückgang zum Stillstand gekommen ist. Sind die Unternehmen wieder in der Lage, höhere Preise durchzusetzen, dann beginnt sich die Konjunktur zu erholen – für Aktienkäufer ein klares Kaufsignal.

Aber Vorsicht: Ein starker Preisanstieg ist ein Hinweis auf eine Boomphase. Jetzt produzieren die Unternehmen an ihrer Kapazitätsgrenze, höhere Kosten durch Überstunden etc. werden in Form höherer Preise an die Kunden weitergegeben. Steigt die Inflationsrate über das gewünschte Maß, tritt die Notenbank in Aktion. Mit höheren Zinsen, also einer Verteuerung des Geldes, versucht sie die überhitzte Wirtschaft abzukühlen. Da die Börse auf Leitzinserhöhungen meist negativ reagiert, sollten Aktienkäufer bereits vor einer anstehenden Zinserhöhung über die Realisierung von Kursgewinnen nachdenken.

Anlegertipp

Da die Zinspolitik der Notenbank in der Regel längerfristig ausgerichtet ist, können sich Börsianer auf eine Phase kontinuierlicher Zinsschritte einstellen. Überlegungen, das Kapital von Aktien in sichere Anlagen umzuschichten, sollten die Folge sein. Umgekehrt gilt: Kündigt sich eine Phase sinkender Zinsen an, kann der Einstieg am Parkett sinnvoll sein.

Informationssuche – Wo finde ich seriöse Fakten?

Wer Aktien besitzt oder welche kaufen möchte, muss sich laufend informieren. Die Geschehnisse am Aktienmarkt, die Vorgänge in Politik und Wirtschaft sowie neueste Unternehmensmeldungen gehören daher zum regelmäßigen Pflichtprogramm für Aktionäre. Auf der Suche nach verlässlichen Informationen stoßen Privatanleger unvermeidlich auf eine Vielzahl von Meinungen, Berichten und Kommentaren. Leider ist der Informationsgehalt nicht immer objektiv. Nicht selten sind Medienberichte politisch eingefärbt und Unternehmensprospekte mit der rosa-roten Brille des Eigentümers geschrieben. Besonders in Internet-Chatrooms sind die Kommentare häufig einseitig oder subjektiv. Wer voreilig windigen Insidertipps Glauben schenkt, erleidet schnell Schiffbruch. Die Frage ist: Wie trenne ich die Spreu vom Weizen, wie lässt sich eine seriöse von einer einseitig eingefärbten Information unterscheiden und vor allem – wo finde ich sie?

Internet

Beliebteste Anlaufstelle für Aktionäre ist inzwischen das Internet. Diese Entwicklung kommt nicht von ungefähr, sind doch viele Menschen tagtäglich im Netz unterwegs. Überdies wickeln inzwischen die meisten Anleger ihre Wertpapiergeschäfte kostengünstig und schnell über Onlinebroker oder Direktbanken ab. Die Vorteile liegen auf der Hand: Das Internet ist die aktuellste und umfangreichste Informationsquelle – dazu meist kostenlos. Der Informationsvorsprung dank Internet kann buchstäblich Gold wert sein, etwa wenn Sie eine Aktie kurz nach einer sehr positiven Unternehmensmeldung kaufen und der Kurs danach ansteigt.

Bekannte Onlinebroker und Internetbanken wie Comdirect, Cortal-Consors, DAB bank, ING-DiBa oder die Sparkassentochter S-Broker bieten ein breites Spektrum an Börsennachrichten und objektiven Anlegerinformationen. Ein sehr gutes Informationsangebot findet sich auch bei spezialisierten Finanz- und Anlegerportalen im Internet, etwa boerse.de, finanznachrich ten.de oder onvista.de. Verständliche Wirtschaftsberichte und Hintergrundinformationen finden Anleger aber auch bei Onlineangeboten bekannter Presseorgane sowie bei Funk und Fernsehen. Sender wie n-tv und n24 oder Zeitungen wie das Handelsblatt oder die Financial Times Deutschland sind auf Wirtschafts- und Börsenthemen spezialisiert. Empfehlenswert sind ferner die Internetportale von offiziellen Institutionen und Finanzinstituten, zum Beispiel von der Deutschen Börse AG, dem Deutschen Aktieninstitut (DAI) oder dem Fondsbranchenverband BVI. Wenn Sie solche Portale regelmäßig nutzen, erhalten Sie einen sehr guten Überblick über die Geschehnisse und Aussichten am Aktienmarkt.

Achtung: Mit Vorsicht sollten Sie private Meinungen und Kommentare in Chatrooms genießen. Viele selbst ernannte Börsenkenner verbreiten Halb- und Unwahrheiten im Netz, nicht selten um einen persönlichen Vorteil zu erzielen. Das Internet ist voll von Diskussionsforen zum Thema Börse und Wertpapiere. Besonders beliebt sind Kommentare und Infos über kleinere Unternehmen mit geringem Aktienumlauf. Hier kann bereits ein geringer Nachfrageschub, ausgelöst durch eine angebliche „Topmeldung“, zu Kurssprüngen führen. Bis diese in der Fachsprache als „humping and dumping“ bezeichnete Manipulation auffliegt, hat der Schwindler seine Aktien bereits zu Toppreisen verkauft und sich mit dem Gewinn davongeschlichen. Gutgläubige Aktienkäufer können dadurch herbe Verluste erleiden.

Weniger ist mehr

Für Privatanleger kommt es nicht darauf an, möglichst viel an Informationsflut aufzusaugen, sondern vielmehr darauf, das Wesentliche aus seriösen Quellen herauszufiltern. Dabei spielen fundamentale wirtschaftliche und politische Entwicklungen und deren Auswirkungen auf das Wirtschaftsgeschehen eine entscheidende Rolle. Unternehmensbezogene Daten und aktuelle Managemententscheidungen ergänzen das Gesamtbild.

Bei Informationen von nichtautorisierter Seite ist eine gesunde Skepsis durchaus zu empfehlen. Checken Sie angebliche Topmeldungen stets auf ihren Wahrheitsgehalt. Tipp: Wichtige Meldungen, die Unternehmen als Ad-hoc-Mitteilung veröffentlichen, werden in aller Regel auch auf deren eigener Webseite bekannt gegeben. Möglich ist aber auch ein Kontrollcheck auf der Internetseite der Deutschen Börse AG unter www.deutsche-boerse.com, Button „Privatanleger", Rubrik „Nachrichten". Dort werden offizielle Ad-hoc-Meldungen und weitere Unternehmensnachrichten kostenlos für Anleger bereitgestellt. Dabei sollten Sie jedoch bedenken, dass Kurssprünge auf Grund einzelner Meldungen meist nur von kurzer Dauer sind – ein Aktienkauf sollte aber eine langfristige Investition sein, die kleine Schwankungen – auch negativer Art – mühelos verkraftet.

Printmedien

Zeitungen, Zeitschriften und Anlegermagazine sind für Privatanleger immer noch eine der wichtigsten Informationsquellen. Zwar bieten Printmedien nicht die Informationsdichte und sind auch nicht so schnell wie elektronische Medien, dafür wartet die anerkannte Wirtschaftspresse mit hoher Professionalität auf. Anstatt Ad-hoc-Meldungen und Quartalsberichte wahllos aneinander gereiht abzudrucken, wird die Nachrichtenflut in den Redaktionen von Fachredakteuren strukturiert und zusammengefasst. Die als Artikel erscheinenden Extrakte nehmen dem Leser einerseits die umfangreiche Arbeit des Informationsselektierens ab, andererseits geben sie kurz und prägnant den Zustand der Märkte bzw. einzelner Branchen oder Unternehmen wieder. Hintergrundberichte und Interviews erleichtern Nachrichten zu verstehen bzw. zu interpretieren.

Ein Nachteil von Printmedien ist allerdings, dass sämtliche Meldungen jüngstens von gestern stammen, bei wöchentlich erscheinenden Blättern sind sie gar aus der Vorwoche. Kurslisten und Unternehmens-Mitteilungen sind da kaum noch zu gebrauchen. Interessant sind vielmehr Hintergrundberichte, Auswertungen von Geschäftsberichten und Reportagen, ebenso Kommentare zu Notenbanksitzungen, Regierungsbeschlüssen und volkswirtschaftlich relevanten Wirtschaftsdaten. Sie helfen börsenrelevante Informationen zu erkennen und in einen Gesamtrahmen einzuordnen.

Welche Aktie soll ich kaufen?

An den Kapitalmärkten rings um den Globus buhlen zahllose Aktiengesellschaften um die Gunst der Investoren. Doch selbst wenn die wirtschaftlichen Rahmenbedingungen stimmen und das Investitionsklima günstig ist, bedeutet dies nicht, dass jede Aktie automatisch Gewinn bringt. Ist etwa ein Titel zuletzt stark gestiegen, kann er bereits heiß gelaufen sein – dann drohen eher Kursrückgänge, weil das Papier bereits überteuert ist. Oder schreibt ein Unternehmen wider erwarten Verluste, wird der Kurs auch bei einem ansonsten positiven Gesamtmarkt alles andere als nach oben klettern.

Um Gewinne an der Börse zu erzielen, müssen Sie Titel auswählen, die ein möglichst großes Kurspotential bieten. Solche Aktien können entweder niedrig bewertet sein oder die Gesellschaft hat gerade ein großes Geschäft gemacht und die Geschäftsaussichten sind auf einen Schlag vervielfacht. Möglich ist auch, dass eine ganze Branche am Beginn eines Aufschwungs steht, wie es etwa bei der Computerbranche in den neunziger Jahren der Fall war und heute bei erneuerbaren Energien oder der Biotechnologie an der Tagesordnung ist.

Grundvoraussetzung für Aktienkursgewinne ist der wirtschaftliche Erfolg des Unternehmens. Dieser lässt sich zum Beispiel aus dem Geschäftsbericht ablesen. Dort finden Aktionäre Angaben zum Jahresabschluss, einen Lagebericht des Unternehmens sowie einen Geschäftsausblick. Sind die Zahlen tiefrot und die Geschäftsaussichten schlecht, sollte man von diesem Papier lieber die Finger lassen. Geben die Zahlen Grund zu Optimismus, können weitere aussagekräftige Parameter zu Rate gezogen werden. Hierbei interessieren besonders die Gewinne, die Finanzkraft sowie die aktuelle Bewertung des Unternehmens an der Börse.

Fundamentaldaten: Der Wert einer Aktie in Zahlen

■ Eigenkapitalquote

Diese Kennzahl gibt Auskunft über die finanzielle und wirtschaftliche Verfassung der Gesellschaft. Das Eigenkapital umfasst neben dem Grund- oder Aktienkapital auch Rücklagen des Unternehmens sowie 50 Prozent der langfristigen Rückstellungen. Die Eigenkapitalquote (EKQ) spiegelt den Anteil des Eigenkapitals am Unternehmen wider. Daraus lässt sich ablesen, ob die Gesellschaft finanzkräftig ist und unabhängig von Kreditgebern agieren kann. Es gilt: Je höher die EKQ, desto solider ist die Finanzlage des Unternehmens. Die meisten DAX-Unternehmen weisen z. B. eine EKQ zwischen zehn und 30 Prozent aus. High-Tech-Unternehmen, die allgemein dem Wachstumssektor zugeordnet werden, besitzen oft deutlich höhere Eigenkapitalquoten. So gehen die Werte bei vielen Unternehmen aus dem TecDAX weit über 50 Prozent hinaus.

Praxistipp: Die EKQ finden Sie mit wenigen Klicks im Internet. Rufen Sie einfach bei Onlinebrokern wie Comdirect oder Cortal Consors die gewünschte Aktiengesellschaft über die Suchfunktion auf (das geht ganz einfach mit dem Namen der Gesellschaft oder über die ISIN/WKN). Bei Comdirect ist die EKQ gleich auf der Eröffnungsseite zu finden, bei Cortal Consors klicken Sie auf den Button „Finanzkennzahlen" und finden die Zahl unter dem Stichwort Bilanzanalyse.

■ Kurs-Buchwert-Verhältnis

Diese Kennziffer zeigt an, ob die Aktie gerade teuer oder preiswert an der Börse gehandelt wird. Exakter ausgedrückt: Welchen Marktwert Börsianer dem vom Unternehmen investierten Kapital einräumen. Ein niedriges KBV bedeutet, dass man die Vermögensgegenstände des Unternehmens sehr billig erwerben kann. Es gilt der Grundsatz: Je höher der Wert, desto besser wird die wirtschaftliche Zukunft des Unternehmens eingeschätzt. Das Kurs-Buchwert-Verhältnis (KBV) ist bei den meisten Unternehmen höher als 1,0. Klassische Substanzwerte wie Aktien aus der Versorger- oder Nahrungs- und Konsumgüterbranche gelten an der Börse bis zu einem KBV von 1,5 als angemessen bewertet. Liegt der Wert unter 1,0, so sind die Marktteilnehmer der Ansicht, die Gesellschaft lege ihr Kapital unrentabel oder ineffizient an. Die Erwartung tendiert eher zu sinkenden Kursen.

Praxistipp: Sie finden das aktuelle KBV zum Beispiel auf den Internetseiten bei Cortal Consors wie oben beschrieben. Möglich ist aber auch ein Blick in das Anlegerportal www.onvista.de. Dort rufen Sie Ihre Lieblingsaktie mit Hilfe der Suchfunktion auf, klicken dann unter dem Stichwort Fundamentalanalyse auf den Button „Kennzahlen" und sehen unten das KBV.

Aufschlussreiche Dividendenrendite

Teilt man den ausgeschütteten Unternehmensgewinn durch den Kurs der Aktie, erhält man die Dividendenrendite. Sie spiegelt quasi die Verzinsung des eingesetzten Kapitals für diese Gesellschaft wieder. Die Dividendenrendite gibt Aufschluss darüber, wie substanzstark die Aktie ist. Es gilt: Je höher die Rendite, desto besser steht das Unternehmen wirtschaftlich da und desto höher sind seine Kurschancen am Aktienmarkt. Aber: Diese Regel gilt nur für wirtschaftlich gesunde Unternehmen. Löst die Gesellschaft Rücklagen auf, um mittels hoher Dividendenzahlungen Aktionäre bei der Stange zu halten, sollte dies als Alarmzeichen gelten.

Kurs-Gewinn-Verhältnis

Die bekannteste und beliebteste Größe für die Bewertung einer Aktie an der Börse ist das Kurs-Gewinn-Verhältnis (KGV). Der ausgewiesene Wert ist ein sehr guter Gradmesser für den Marktpreis einer Aktie. Die Formel zur Berechnung lautet:

$$\frac{\text{Aktueller Aktienkurs}}{\text{den Gewinn (Ergebnis je Aktie)}} = \text{KGV}$$

Der so gewonnene Preismaßstab zeigt an, inwieweit die Börse aktuell bereit ist, den für das kommende Jahr erwarteten Ertrag des Unternehmens mit dem X-fachen (= KGV) Börsenkurs zu bezahlen.

Ein Beispiel: Verdient eine Gesellschaft beispielsweise drei Euro je Aktie und beträgt der Aktienkurs 30 Euro, beträgt das KGV 10. Das heißt, der Anleger zahlt für die Aktie das Zehnfache des aktuellen Gewinns. Verdient die Gesellschaft weniger oder ist der Kurs bei gleichem Gewinn höher, steigt das KGV entsprechend an. Beispiel: Gewinn drei Euro je Aktie, Aktienkurs 60 Euro = KGV 20.

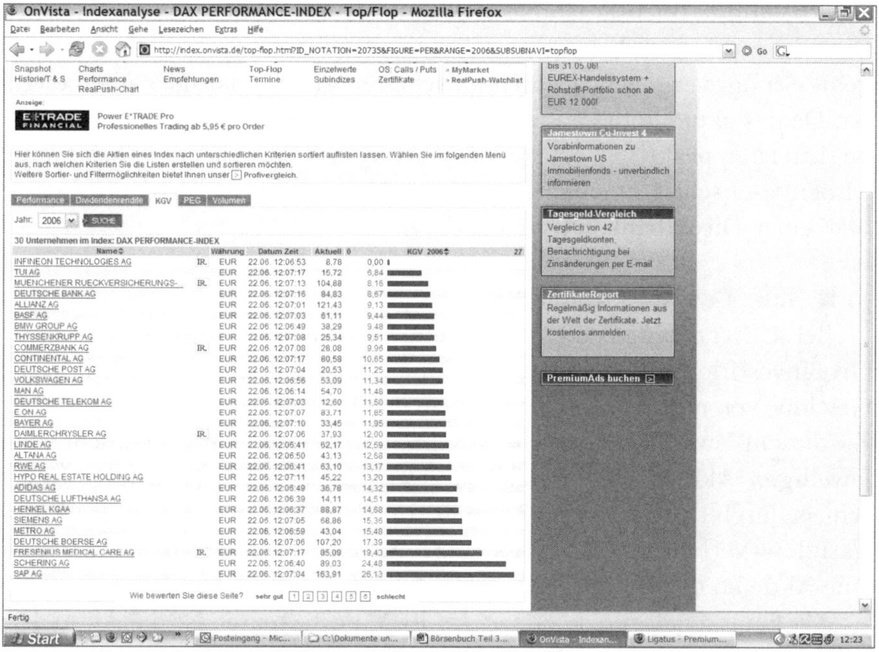

Abb 7: KGV aller DAX-Werte für 2006
Quelle: 1998–2006 Onvista Group/www.onvista.de (Stand Juni 06)

Für Aktienkäufer empfiehlt sich folgende Faustregel: Ein KGV unter zehn gilt allgemein als günstig. Man könnte auch sagen, die Aktie ist unterbewertet, das KGV sendet Kaufsignale. Zwischen zehn und zwanzig gilt ein Papier als fair bewertet, hier könnte man die Aktie als Halteposition bezeichnen bzw. durchaus noch einsteigen. Steigt das KGV auf über 20 sollten Börsianer vorsichtig werden, denn jetzt ist das Papier teuer.

Aber: Grundsätzlich stimmt es, dass ein kleines KGV auf eine günstig bewertete Aktie hinweist. Allerdings bedeutet ein hohes KGV nicht in jedem Fall, dass eine Aktie teurer ist. Bei Standardwerten wie Autotitel, Versorgerwerte oder Chemieunternehmen mag ein KGV größer 20 durchaus als teuer gelten und ein Investment mit Vorsicht zu genießen sein. Für Wachstumswerte aus den High-Tech-Branchen oder den erneuerbaren Energien hat dies jedoch wenig zu sagen. Aufgrund hoher Gewinnzuwachsraten kann das KGV bei Titeln aus Zukunftsbranchen deutlich über 20 liegen, manchmal sogar bis zum dreistelligen Bereich.

Praxistipp: Wichtig ist, das KGV immer mit Aktien aus der gleichen Branche zu vergleichen, nur so können Sie herausfinden, ob der Titel gemessen an vergleichbaren Gesellschaften günstig ist oder überbewertet. Da das aktuelle KGV inzwischen ein Standardwert ist, finden Sie ihn im Internet praktisch auf jeder Startseite, wenn Sie eine bestimmte Aktiengesellschaft in einem Anlegerportal oder bei einem Onlinebroker bzw. einer Direktbank aufrufen.

■ Kurs-Cashflow-Verhältnis

Bei Unternehmen, die wegen einer Umstrukturierung oder einer Großinvestition gerade keine Gewinne einfahren, lohnt ein Blick in die Gewinne von morgen. Dazu muss man den Finanzüberschuss analysieren. Zu diesem Zweck werden die Abschreibungen des Unternehmens zum jeweiligen Aktienergebnis addiert. Danach wird der ermittelte Überschuss durch den Aktienkurs geteilt. Im Ergebnis erhält man das Kurs-Cashflow-Verhältnis (KCV). Es zeigt oft noch genauer als das KGV, ob eine Aktie an der Börse niedrig oder hoch bewertet ist.

Als Faustregel gilt: Je höher das KCV, desto teurer ist die Aktie. Ein KCV von 3 bedeutet zum Beispiel, dass der aktuelle Aktienkurs innerhalb von drei Jahren aus dem Finanzmittelfluss des Unternehmens gedeckt ist. Grundsätzlich lässt sich auf das KCV das gleiche Prinzip anwenden wie bei den vorangegangenen Kennzahlen: Standardwerte besitzen in der Regel niedrigere KCV-Werte als Wachstumstitel. So gelten DAX-Werte mit einem KCV im niedrigen einstelligen Bereich als günstig, während TecDAX-Unternehmen oft Werte im zweistelligen Bereich aufweisen.

Praxistipp: Das KCV finden Sie zum Beispiel, indem Sie auf den Internetseiten des Anlegerportals www.onvista.de wie beim Punkt KBV beschrieben vorgehen. Aber auch die Internetseite der Sparkassen-Tochter S-Broker beinhaltet Informationen zum KCV. Rufen Sie dazu einfach die gewünschte Aktiengesellschaft über die Suchfunktion auf und klicken dann auf den Button „Kennzahlen".

Börsensprache verstehen

Neben den wirtschaftlichen Rahmendaten und den individuellen Kennzahlen der Unternehmen können Analysen von Börsen- und Finanzexperten helfen, die Kurschancen einer Aktie einzuschätzen. Allerdings ist dazu das Verständnis wichtiger Börsenvokabeln vonnöten. Getreu dem Motto, „Zeit ist Geld", verkürzen Börsianer gern Begriffe auf ein Minimum und bringen sie ohne Umschweife auf den Punkt. Wenn Kommentatoren und Analysten zum Beispiel von einem „Bärenmarkt" sprechen oder davon, dass die Stimmung an der Börse „bullish" ist, so meinen Sie nicht etwa das Treiben auf einem Tiermarkt, auf dem zottelige oder gehörnte Vierbeiner gehandelt werden. Vielmehr geht es um Vokabeln aus der Börsensprache. Bulle und Bär sind Synonyme für Aufschwung und Abschwung an den Kapitalmärkten. Ist der Markt „bullish", stehen die Vorzeichen am Börsenparkett auf Grün; dagegen sollten Sie in einen „Bärenmarkt" lieber nicht investieren. Die gebräuchlichen französischen Pendants dazu sind „Hausse" und „Baisse".

In Zeitungs- oder Fernsehkommentaren ist oft von einer „festen Börse" die Rede. Damit ist nicht etwa gemeint, dass das Fundament des Börsengebäudes besonders sicher ist oder die Aktienkurse so zementiert sind, dass sie sich nicht mehr von der Stelle bewegen. Im Gegenteil: Von einer „festen Börse" ist die Rede, wenn sich der Markt positiv entwickelt, sprich die Kurse steigen. Gleiches gilt, wenn die Börse „freundlich tendiert" oder sich „erholt zeigt". Dagegen stehen die Aktien weniger gut, wenn sie sich „lustlos" präsentieren oder einfach nur „behaupten". Aktionäre sollten dann die Marktstimmung aufmerksam verfolgen und vorsichtig agieren.

Empfehlungen von Analysten

Spezialisten von Banken und Investmenthäusern erstellen regelmäßig Analysen und Empfehlungen zu Aktiengesellschaften. Privatanleger können von solchen Aussagen durchaus profitieren. Viele Internetbanken,

Onlinebroker und Anlegerportale stellen Analystenkommentare kostenlos zur Verfügung. Wer auf einer solchen Internetseite die Daten zu einer bestimmten Aktie aufruft, der findet fast immer einen Link mit Empfehlungen und Kommentaren zu diesem Wertpapier. Sehr zu empfehlen ist in diesem Zusammenhang die Website www.finanznachrichten.de, die – kostenlos – zu einer Vielzahl von Aktien Nachrichten, Analystenkommentare oder weitergehende Meldungen bereithält.

Oft geben Finanzanalysten auch konkrete Empfehlungen, ob Interessenten eine Aktie kaufen, weiterhin im Depot halten oder lieber verkaufen sollen. Allerdings erscheinen solche Analystenurteile meist in englischer Sprache, was die Sache manchmal kompliziert macht. Viele Sparer wissen mittlerweile, dass eine Aktie, die „outperformt", zu den Überfliegern am Markt gehört. Doch wie soll man sich verhalten, wenn das Analystenurteil „undervalued" lautet oder ein Titel als „marketperformer" eingestuft wird? Damit Sie den Durchblick im Analystendschungel behalten, werden die wichtigsten Begriffe im Folgenden erläutert.

Empfehlungen der Analysten im Klartext

Analystenurteil	Bedeutung	Empfehlung
outperform market outperform recommended stock	Die Aktie wird sich im Zeitraum bis zu einem Jahr überdurchschnittlich entwickeln. Im Vergleich zum Index wird sie etwa 10 bis 25 Prozent besser laufen, vielleicht sogar mehr.	strong buy buy kaufen
trading buy undervalued	Die Aktie wird sich im Zeitraum bis zu einem Jahr geringfügig besser als der Markt entwickeln. Die Outperformance wird bei etwa 5 bis 10 Prozent liegen.	aufstocken akkumulieren zukaufen
marketperformer neutral	Die Aktie wird sich im Zeitraum bis zu einem Jahr adäquat zum Markt entwickeln. Abweichungen von bis zu 10 Prozent vom Markt sind möglich.	hold halten
underperform overvalued	Die Aktie wird sich im Zeitraum bis zu einem Jahr unterdurchschnittlich entwickeln. Die Abweichung zum Index wird etwa 5 bis 15 Prozent nach unten betragen.	reduce reduzieren underperform
market underperform overvalued	Die Aktie wird sich im Zeitraum bis zu einem Jahr deutlich unterdurchschnittlich entwickeln. Die Abweichung zum Index kann bis zu 20 Prozent nach unten betragen, vielleicht auch mehr.	sell verkaufen

Das Problem: Analysten können irren! So schön Empfehlungen und Prognosen geschulter Aktienprofis auch sind, sie treffen nicht immer zu. Zukunft lässt sich eben nicht zweifelsfrei vorherzusagen. Auch Investmentstrategen greifen in erster Linie auf Informationen und Fakten zurück, die bereits Tatsachen sind. In begrenztem Umfang lässt sich dann die Zukunft in die Unternehmensanalyse einarbeiten, etwa in Form von Prognosen oder Stimmungsbildern. Da diese nur selten Eins zu Eins eintreffen, bestehen immer Unsicherheiten. Bei der Einschätzung der künftigen Geschäfts- und Marktentwicklung handelt es sich also immer um eine Prognose mit ungewissem Ausgang. Aktienkäufer sollten sich bei ihren Einschätzungen und Bewertungen daher nicht allein auf Analystenurteile stützen.

Aktiengewinne mit System

Bei der Aktienanlage sollte man niemals alles auf eine Karte setzen. Um die Verlustgefahr zu mindern, empfehlen Geldexperten und Verbraucherschützer stets eine Depotkombination mehrerer Titel aus unterschiedlichen Branchen. Wenn Sie Ihre Aktienauswahl mit Hilfe langjährig erprobter Strategien unterstützen, können Sie zusätzlich ihre Erfolgsaussichten verbessern. Zwar gibt es kein Patentrezept, welche Anlagestrategie die richtige ist. Je nach Situation an den Kapitalmärkten und den eigenen Vorlieben dürfte mal das eine, mal das andere Konzept geeigneter sein. Doch eine bestimmte Strategie zu verfolgen, sollte allemal berechen- und nachvollziehbarer sein als Aktien auf gut Glück zu kaufen.

Dividend-Top-10-Strategie

Die Dividenden-Strategie ist eines der bewährtesten Verfahren bei der Auswahl chancenreicher Aktien. Hinter der Dividend-Top-10-Strategie steckt die Überlegung, dass erfolgreiche Unternehmen höhere Gewinne erzielen als weniger erfolgreiche. Der wirtschaftliche Erfolg zeigt sich unter anderem in hohen Dividendenzahlungen an die Aktionäre. Folge: Die Kursentwicklung solcher Werte liegt in der Regel über der von wirtschaftlich schwachen Gesellschaften. Mit der Dividenden-Strategie ließen sich in der Vergangenheit erstaunlich gute Resultate erzielen, nicht selten lag die Performance der Papiere deutlich über der vergleichbarer Titel mit geringen Ausschüttungsquoten.

Die Anfänge der Dividenden-Strategie lassen sich bis in die 30er Jahre des vorigen Jahrhunderts zurückverfolgen. Der Amerikaner Benjamin Graham ersann eine erste Aktienauswahl basierend auf der Dividendenrendite. Seine berühmt gewordene Idee besteht darin, aus einer Gruppe von Standardwerten eines bestimmten Index jene zehn Aktien herauszufiltern, die zu einem bestimmten Stichtag die höchste Dividendenrendite aufweisen. Diese Papiere werden zu etwa gleichen Teilen ins Depot aufgenommen. Nach zwölf Monaten wird die Auswahl überprüft und gegebenenfalls umgeschichtet. Das geschieht in der Weise, dass Gesellschaften, die ihre Ausschüttungen verringert haben, ausgemustert und neue Dividendenstars aufgenommen werden. Am Ende füllen wieder die zehn dividendenstärksten Titel des betreffenden Index das Depot. Diese Vorgehensweise wird Jahr für Jahr wiederholt.

Wichtig: Die jährlich gezahlten Dividenden müssen Sie in jedem Fall wieder anlegen. Die Dividenden-Strategie basiert nämlich auf der Zinseszins-Überlegung. Das bedeutet, dass die Unternehmensausschüttungen die Kapitalbasis des Aktionärs erhöhen. So lässt sich – neben der eigentlichen Kursentwicklung – die Performance des Depots zusätzlich steigern. Dies geschieht umso effizienter, je länger die Strategie angewandt wird.

Kritikpunkte

1. Die Dividendenrendite kann nur dann als Qualitätskriterium einer Aktie herangezogen werden, wenn die über die Dividende ausgeschütteten Gewinne auch wirklich erwirtschaftet worden sind. Manchmal zahlen die Gesellschaften jedoch Dividenden auf Pump, nur um ihre Aktionäre bei Laune zu halten.
2. So manches erfolgreiche Unternehmen zahlt gar keine Dividende und geht dem Anleger dadurch durch die Lappen. Beispiel Microsoft. Obwohl das Unternehmen satte Gewinne einfuhr, zahlte Konzernchef Bill Gates viele Jahre keine Dividende. Der Aktienkurs hatte zwar eine überdurchschnittliche Wertentwicklung, mit der Dividenden-Strategie wäre das Papier aber nicht ins Depot des Anlegers gewandert.

Dividend-Low-5-Strategie

Diese Strategie ist eine Weiterentwicklung der Dividend-Top-10-Strategie. Sie wurde von Experten des amerikanischen Investmenthauses Prudential Securities, einer der größten Investmentbanken der Welt, entwickelt. Die Vorgehensweise ist zunächst die Gleiche wie bei der Top-10-Strategtie: Aus einer Gruppe von Standardwerten eines bestimmten Index werden jene zehn Aktien herausgefiltert, die an einem bestimmten Stichtag die höchste Dividendenrendite aufweisen. Gradmesser ist stets der im Vorjahr ausgeschüttete Gewinn. Von diesen Papieren kauft der Anleger zu jeweils gleichen Teilen die fünf Werte, die am niedrigsten bewertet sind. Hintergedanke ist der, dass unterbewertete Titel größere Kurschancen bieten.

Die Dauer des Investments ist zunächst auf ein Jahr festgesetzt. Danach wird erneut geprüft und eventuell umgeschichtet.

Tipp: Zur Risikominimierung können Sie von den fünf ausgewählten Aktien diejenige weglassen, die den geringsten Kursstand aufweist. Dadurch verringert sich das Ausfallrisiko, falls das Papier wegen unternehmerischer Hiobsbotschaften gerade einen tiefen und anhaltenden Absturz erlebt. Nehmen Sie statt dessen den sechstgünstigsten Wert dazu.

Besonderheit Amerika

Möchten Sie in US-amerikanische Titel investieren, sollten Sie bedenken, dass es in den Vereinigten Staaten üblich ist, vierteljährliche Teildividenden zu zahlen. Um ein exaktes Bild der Dividendenrendite zu erhalten, sind demnach alle Teilausschüttungen des Jahres zu addieren.

Wichtig: Die jährlich gezahlte Dividende muss der Investor wieder anlegen. Auch die Low-5-Strategie basiert wie alle Dividenden-Strategien auf der Zinseszins-Überlegung. Das bedeutet, dass die Unternehmensausschüttungen die Kapitalbasis des Aktionärs erhöhen. So lässt sich – neben der eigentlichen Kursentwicklung – die Performance des Depots zusätzlich steigern. Dies geschieht umso effizienter, je länger die Strategie angewandt wird. Die Kritikpunkte sind im Wesentlichen die Gleichen wie die der Dividend-Top-10-Strategie.

Schwergewichtsstrategie

Big is beautiful – das gilt besonders an der Börse. Mit so genannten Blue Chips oder Global Playern, also Aktien, die in international beachteten Indizes wie dem DAX, Euro Stoxx 50 oder Dow Jones den Ton angeben, fahren Investoren oft in ruhigem und dennoch profitablem Fahrwasser. Viele Fondsgesellschaften setzen gern auf solche Größen. Das Risiko, dass ein Indexschwergewicht dauerhaft unter die Räder kommt, ist vergleichsweise gering. Allerdings ist es auch nicht unmöglich, wie die Pleite des US-Riesen Enron anschaulich gezeigt hat.

Funktionsweise: Die Schwergewichtsstrategie setzt auf fünf bis zehn Aktiengesellschaften mit den höchsten Börsenwerten in ihrem Index. Die Erfahrung lehrt, dass solche Aktien praktisch immer mit nach oben gezogen werden, wenn der Index steigt. Das liegt daran, dass viele Fondsgesellschaften Portfolios eingerichtet haben, die den Index möglichst exakt nachbilden. Indexschwergewichte müssen bei Kursanstiegen dann besonders stark nachgekauft werden.

Die Aktienauswahl kann nach der Gewichtung der Papiere im jeweiligen Index erfolgen. Das Gewicht bzw. die Marktkapitalisierung einer Aktie errechnet man, indem man die Zahl der ausgegebenen Aktien mit dem aktuellen Kurs multipliziert. Steigt der Kurs, erhöht sich der Börsenwert, fällt er, sinkt auch der Wert der Aktie und damit sein Gewicht im Index. Das Gewicht der Platzhirsche in einem Index ist extrem stabil, wie Analysen immer wieder zeigen. Viele Titel gehören über Jahrzehnte zu den tonangebenden Aktien in ihrem Index. Weitere Auswahlkriterien können sein, ob das Unternehmen zu den Markt- bzw. Technologieführern in seinem Bereich zählt oder ob es weltweit aktiv ist.

Die Schwergewichtsstrategie funktioniert besonders gut bei steigenden Märkten. Berechnungen zeigen immer wieder, dass Anleger mit dieser Theorie in Börsenboomjahren die entsprechenden Vergleichsindexe jeweils um Längen schlagen. Positiv: Da es bei dieser Theorie nicht so sehr darauf ankommt, ob nun monatlich oder jährlich das Depot überprüft und umgeschichtet wird, eignet sich die Strategie auch für Anleger, die nicht so oft in ihr Depot schauen.

Vorsicht bei fallenden Märkten

Wo Licht ist, da ist auch Schatten: Hoch gewichtete Aktien leiden besonders stark unter fallenden Märkten, weil die Papiere dann überproportional stark verkauft werden. Befinden sich die Börsen auf Talfahrt, sollten Sie die Schwergewichtsstrategie daher besser nicht anwenden. Ein anderer Wermutstropfen sollte eigentlich ein Vorzug „schwerer Titel" sein, ist es aber nur bedingt: ihr hoher Börsenwert. Dieser bremst die Kursfantasie nach oben, mit Kursraketen können Anleger daher nicht rechnen.

Turn-Around-Strategie

Hohe Wertsteigerung verspricht ein Aktieninvestment, wenn man einen Titel an einem Tiefpunkt erwirbt. Die so genannte Turn-Around-Strategie, auch Umkehr-Strategie genannt, versucht genau dies auszunutzen. Die Idee: Gestrauchelte und abgestrafte Börsenwerte werden die Gewinner von morgen sein. Aktien, die bei Börsianern in Ungnade gefallen sind, sollen demnach ein überdurchschnittliches Kurspotential besitzen – vorausgesetzt, sie schaffen den Anschluss an die Spitze wieder.

Funktionsweise: Anleger setzen mit dieser Strategie auf die Verlierertitel eines Jahres oder eines Monats und hoffen, dass die Unternehmen ihre Hausaufgaben machen. Immer wieder geraten nämlich auch solvente Unternehmen unter Druck, zum Beispiel weil die Geschäfte mal nicht so gut laufen wie erhofft, dic Konkurrenz negative Schlagzeilen produziert oder weil Umstrukturierungsmaßnahmen mehr kosten als geplant. In vielen Fällen ist die Wettbewerbsfähigkeit aber gar nicht eingeschränkt bzw. die dunkle Wolke am Geschäftshimmel nur von kurzer Dauer. Vorrübergehende Kursschwächen sind dann schnell wieder vergessen. Gelingt die Wende, kann die Wette aufgehen. Nicht selten starten zu Unrecht gefallene Aktien spektakuläre Aufholjagden. Setzt ein krass unterbewerteter Titel zu neuen Höhenflügen an, winken dem Investor satte Gewinne.

Hohes Risiko: Wichtig ist, dass Sie sich genau über die Ursachen des Kursrutsches informieren. Bei schwerwiegenden Problemen, zum Beispiel wegen Struktur- oder Produktschwächen des Unternehmens oder wegen einer längeren Nachfrageflaute, sollten Sie erst eine Besserung der Situation abwarten. Denn nur aus wenigen Verlierern werden tatsächlich neue Börsenstars. Die Methode funktioniert nur bei Börsenwerten, die zu Unrecht fallen gelassen worden sind, zum Beispiel weil sie in zyklischen Branchen aktiv und dadurch vorrübergehend nicht gefragt sind.

Es empfiehlt sich, die Strategie nicht starr nach Schema F anzuwenden. Hält man sich stur an die Theorie, wandern zu viele Aktien ins Depot, die aus gutem Grund stark gefallen sind. Spottbillige Papiere sind aber noch lange keine Schnäppchen. Es lauert die Gefahr des Totalverlusts. Ohne Kenntnis fundamentaler Daten und ohne überzeugende Erfolgsaussichten des Geschäftsmodells ist ein Investment in die größten Verliereraktien der zurückliegenden Zeit nicht ratsam. Für Neulinge im Börsengeschäft ist die Umkehr-Methode nicht zu empfehlen, denn es ist nicht leicht, zielsicher die Spreu vom Weizen zu trennen. Neben einem hohen Zeitaufwand sind gute Markt- und Branchenkenntnisse unerlässlich.

Tipps zur Risikominderung

- Die Turn-Around-Strategie erfordert eine breite Risikostreuung. Die abgerutschten Titel sollten auf keinen Fall alle aus einer Branche oder einer Region stammen. Außerdem lässt sich die Risikostrategie dadurch verfeinern, dass man aus den tief gefallenen Werten nur die größeren und bekannteren herauspickt, deren Geschäftsmodelle bereits bewährt sind. Crash-Newcomer dürften sich in vielen Fällen als reine Spekulation erweisen.
- Ferner empfiehlt es sich, nur einen kleinen Teil seines Geldes in diese Strategie zu investieren. Zehn Prozent des Anlagekapitals sollten die Obergrenze sein. Allerdings muss der Betrag ausreichen, um wenigstens acht gefallene Engel ins Depot zu legen. Die breite Titelstreuung federt das Verlustrisiko ab. Zur Sicherung des Kapitals sollten Sie konsequent mit Stopp-Loss-Marken arbeiten. Die automatischen Verkaufsorders können bis zu 20 Prozent unter Einkaufskurs liegen.

Relative-Stärke-Strategie

Wer Stärke zeigt, gehört oft zu den Besten. Dieses Prinzip funktioniert auch an der Börse. Nicht nur in Boomzeiten auch in Baissezeiten gibt es Aktien, die sich besser entwickeln als der Markt. Diese Schokoladenstückchen versuchen Anleger mit Hilfe der Relativen-Stärke-Theorie, auch Momentum-Strategie genannt, aus dem Börsenkuchen herauszupicken. Der Hintergedanke ist, dass eine wertstabile, gut laufende Aktie auch in Zukunft beste Kurschancen besitzt.

Hauptkriterium für die Aktienauswahl ist die zurückliegende Kursentwicklung. Aus einem möglichst breiten Aktienindex, zum Beispiel dem DAX 100 oder dem Euro Stoxx 50, werden zunächst jene zehn Aktien herausgesucht, die im letzten Jahr, wahlweise auch im letzten Quartal, die größten Kursgewinne verbucht haben. Diese Top-Performer, so die Theorie, werden auch in Zukunft besser laufen als der Gesamtindex. Grund: Die Indexstars haben einerseits gezeigt, dass sie ihren Wert deutlich stärker steigern können als der Markt, also eine hohe relative Stärke besitzen. Andererseits senden sie zumeist kräftige interne Wachstumsimpulse, unter Fachleuten Momentum genannt. Ein solches Momentum ist zum Beispiel eine hohe Gewinnerwartung.

Achtung: Ein hohes Momentum ist oft nur von begrenzter Dauer, denn keine Gesellschaft kann unentwegt sein Gewinnwachstum steigern. Irgendwann wird der Titel von anderen Unternehmen mit höherer Gewinndynamik überholt. Für den Investor bedeutet das: Er muss sein Depot regelmäßig überprüfen, mindestens im Quartalsrhythmus. Flacht die Gewinnsteigerung und in Folge die Kursentwicklung ab, sollte man die Aktie durch einen dynamischeren Titel ersetzen. Wegen des höheren Beobachtungsaufwands sollten „Gelegenheitsbörsianer“ diese Theorie nicht anwenden.

Kritikpunkte

1. Die Relative-Stärke-Strategie ist nicht ohne Risiken. Denn: Wer hoch fliegt, kann auch tief fallen. Studien zeigen, dass das Schwankungsrisiko von Aktien mit hohen Kurssteigerungen deutlich größer ist als bei konservativen Werten mit mäßigen Kursänderungen.

2. Ein anderer Kritikpunkt ist die Kosten- und Ertragsfrage. Wird das Depot regelmäßig in kurzen Abständen gecheckt und neu zusammengestellt, fallen jedes Mal Kosten beim Kauf und Verkauf der Papiere an. Damit zählt die Strategie zu den teuren Theorien.
3. Ferner fordert das Finanzamt von Kursgewinnen, die innerhalb der zwölfmonatigen Spekulationsfrist eingelöst werden, seinen Anteil. Nach dem Halbeinkünfteverfahren ist die Hälfte des Kursgewinns mit dem persönlichen Steuersatz zu versteuern – das kann den Ertrag erheblich schmälern. Unberücksichtigt bleibt bislang lediglich die Spekulationsfreigrenze von 512 Euro pro Person und Jahr.

Trendfolgenstrategie

Börsen sind launisch und kurzfristig nur schwer berechenbar. Langfristig lässt sich der Markt aber sehr wohl in die Karten schauen. Anleger, die bestimmte Marktsignale oder in Charts sichtbare Informationen nutzen, können besonders erfolgreich sein. Eine alte Börsenweisheit besagt: „The trend is your friend". Wer mit dem Strom schwimmt, macht kaum Fehler. Es gibt nämlich nur wenige Aktien, die sich großflächigen Trends entziehen und gegen den Strom schwimmen. Allerdings: Eine Kehrtwende ist jederzeit möglich!

Privatanleger legen ihr Hauptaugenmerk gern auf den Haupttrend. Er dauert meist länger als ein Jahr. Dabei zieht der Gesamtmarkt im Gleichklang um etwa 20 oder 30 Prozent pro Jahr nach oben oder unten. Wer auf diesen Zug auf- oder abspringt, kann eigentlich nur gewinnen. Ein gutes Beispiel dafür war die Wende am Aktienmarkt im März 2003. Rund drei Jahre lang kletterten die Börsen danach stetig bergauf. Aber: Die Börse gibt kein Klingelsignal, wann der Zug abfährt. Anleger müssen den Markt schon genau beobachten.

Vorgehensweise: Beim Trendfolgenmodell werden bis zu fünf Aktien aus einem Markt herausgefiltert, die in jüngster Zeit am besten gelaufen sind bzw. deren Fundamentaldaten klare Kaufsignale abgeben. Die Börsenerfahrung lehrt, dass bei stabilen Trends die Gewinner von gestern auch die Sieger von morgen sind. Wird die Börse von einer robusten positiven Tendenz beherrscht, spielt die Trendfolgenstrategie ihre Stärken voll aus. Der Investor kann monatlich oder vierteljährlich seine Favoriten überprüfen und gegebenenfalls gegen neue Trend- und Kurvensieger austauschen.

Regelmäßige Kontrolle nötig

Eine positive Marktstimmung kann sich schnell umkehren und in einen Abwärtsstrudel münden! Ehemalige Trendsieger stürzen dann oft stärker ab, als der Marktdurchschnitt. Kurze Überprüfungsintervalle und ein schneller Austausch sind insbesondere bei fallenden Börsen ratsam. Allerdings schützen auch kurze Umschichtungszeiträume nicht vor Verlusten. In Baissephasen fahren Anleger mit der Trendfolgenstrategie nur selten gut, da es zu wenig Käufer am Markt gibt, die einen gefallenen Engel wieder nach oben ziehen können. In schlechten Börsenzeiten empfiehlt es sich eher, vorhandene Gewinne zu sichern und abzuwarten.

Stellt sich die Frage, wie kann ich den Beginn eines Trends erkennen?, lautet die Antwort: Am besten an den bereits beschriebenen, vielschichtigen Signalen wie Konjunkturdaten, Zinsentscheidungen, Inflationsentwicklungen, Konsumentenstimmungen etc. Dazu ein Beispiel: Befindet sich die Konjunktur am Boden und ist der Zinssatz der Europäischen Zentralbank ebenfalls am Tiefpunkt angelangt, dann dürfen Investoren auf eine baldige Wende und damit auf steigende Kurse hoffen. Jetzt heißt es in den Startlöchern zu sitzen und das Anlagekapital griffbereit zu halten. Umgekehrt gilt: Läuft die Konjunktur auf Hochtouren, ist die Inflationsrate am Siedepunkt und sind die Zinsen auf Rekordhöhe, dann droht eine baldige Korrektur des überhitzten Aktienmarktes. Jetzt heißt es, Gewinne realisieren und vorsichtshalber in sichere Anlagen umschichten.

Aktienkauf mit Hilfe von Charttechnik

Als Entscheidungshilfe beim Aktienkauf können auch Kurven, Linien oder Börsenumsätze dienen. So genannte Charttechniker setzen beim Erkennen von Börsentrends auf solche technischen Hilfsmittel. So verbinden sie beispielsweise über bestimmte Zeiträume hinweg mehrere Kurshöhepunkte oder -tiefpunkte mit einer Linie. Solche Trendlinien zeigen sehr anschaulich, wohin die Reise einer Aktie geht.

- **200-Tage-Linie:** Bekannte und bewährte Hilfsmittel sind so genannte gleitende Durchschnitte. Solche Werte auf einer Linie veranschaulicht, zeigen dem Investor sehr genau, wie es aktuell um die Aktie oder den Markt bestellt ist. Die 200-Tage-Linie berücksichtigt zum Beispiel die Durchschnittskurse der letzten 200 Tage. Sie ist ein guter Indikator für den langfristigen Trend. Zeigt sie nach

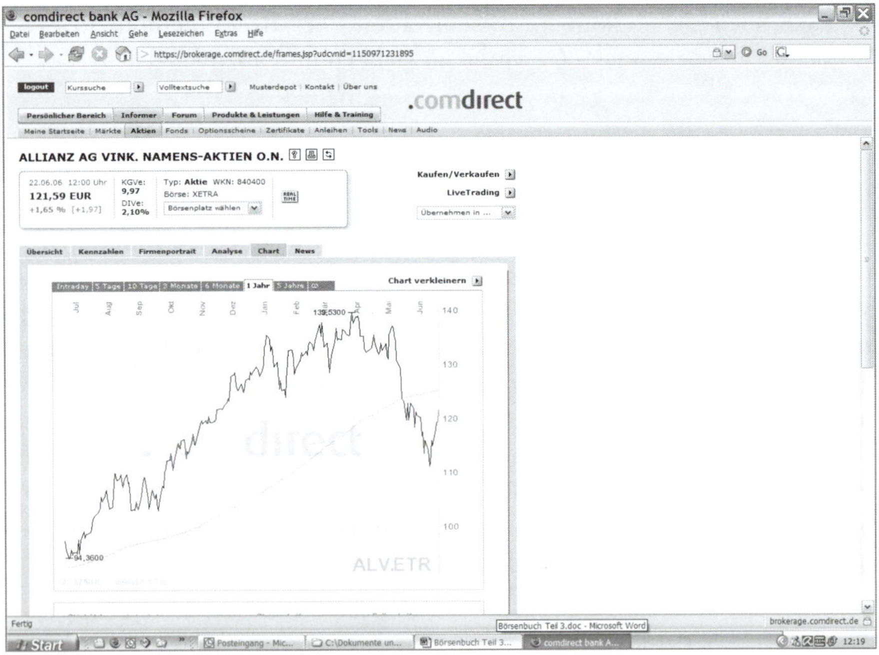

Abb. 8: 200-Tage-Linie für Allianz AG
Quelle: www.comdirect.de (Stand: Juni 06)

oben, dann dürfte der Aktienkurs bzw. der Gesamtmarkt noch einige Zeit der Linie folgen. Problematisch wird es, wenn der Aktienkurs unter die 200-Tage-Linie fällt. Dann sendet die Aktie klare Verkaufssignale. Sehr gut ist dies am Beispiel der Allianz-Aktie zu sehen. Als der Aktienkurs Mitte Mai 2006 die 200-Tage-Linie nach unten durchbrach, ging es über einen Monat weiter steil bergab.

- **Börsenumsatz:** Neben Charts und Linien sind Börsenumsätze wichtige Trendanzeiger für Aktionäre. Es gilt der Grundsatz: Die Umsätze bewegen sich mit dem Trend. Das heißt, steigende Umsätze schieben in der Regel den Kurs an; sinkenden Umsätzen folgen meist fallende Aktienkurse. Gehen beispielsweise in einer Aufwärtsbewegung die Umsätze zurück, dann bedeutet das ein Erlahmen des Kaufinteresses. In der Folge wird der Aktienkurs früher oder später nachgeben. Umgekehrt zeigen steigende Umsätze in einer Abwärtsbewegung das Ende des Abwärtstrends an. Erwacht das Kaufinteresse wieder, wird auch der Aktienkurs den Trend umkehren und steigen. **Tipp:** Informationen zu Börsenumsätzen finden Sie bei fast allen Onlinebrokern, Direktbanken und Finanzportalen im Internet. Oft sind die Umsätze bereits auf der Startseite der aufgerufenen Aktie angegeben.

Lohnen sich Neuemissionen?

Erinnern Sie sich noch, wie Anleger um die Jahrtausendwende den Emissionsbanken die Anteile von Börsenneulingen förmlich aus den Händen rissen? Die bloße Ankündigung, neue Aktien an die Börse zu bringen, genügte, um körbeweise Geld bei Investoren einzusammeln. Allein 346 Börsengänge verzeichnete die Frankfurter Börse in den Jahren 1999/2000. Wer zu den Glücklichen gehörte, die ein paar Papiere ergattern konnten, hatte in vielen Fällen Chancen auf üppige Gewinne. Nicht selten verdoppelten oder verdreifachten sich Aktienkurse binnen weniger Wochen – bis das dicke Ende kam. Nach dem Platzen der Börsenblase im Jahr 2000 ist die Spekulationshysterie inzwischen realistischer Aktienbewertung gewichen. Heute eröffnen neue Börsengänge wieder Chancen auf faire Aktiengewinne.

Damit eine Gesellschaft erfolgreich Aktien am Mark platzieren kann, muss sie mit ihrem Geschäftsmodell Großinvestoren und Privatanleger überzeugen. Wichtige Fragen für interessierte Aktionäre sind: Mit welchen Produkten verdient das Unternehmen Geld bzw. möchte es in Zukunft Geld verdienen? Wie sieht das Marktumfeld aus? Gibt es bereits starke Konkurrenz? Besitzt das Unternehmen bekannte, zugkräftige Marken, die auch weiterhin Verkaufserfolg versprechen? Überzeugen die handelnden Personen? Zählen bekannte Namen zu den vorhandenen Kunden? Nur wenn das Geschäftsmodell, die Marktchancen und die aktuellen Bilanzen wirklich überzeugen, werden Investoren eine Zeichnung in Erwägung ziehen.

Wichtig bei Neuemissionen ist, von wem die angebotenen Aktien stammen. Sollten hauptsächlich Altaktionäre Wertpapiere verkaufen wollen, um ihre Anfangsinvestition wieder hereinzuholen, ist dies ein schlechtes Zeichen. Damit fließt dem Unternehmen kein neues Kapital zu. Besser ist es, wenn die Aktien aus einer Kapitalerhöhung stammen, die Gesellschaft also neue Aktien ausgibt. Damit gelangt frisches Geld in das Unternehmen. Mit diesem können dann geplante Investitionen vorangetrieben werden, etwa die Übernahme von Firmen oder die Weiterentwicklung des eigenen Geschäftsfeldes.

Risiken und Chancen neuer Aktien

Sind die Investoren begeistert, profitieren viele Neuemissionen zunächst von hohen Gewinnchancen, weil oft mehr Aktien nachgefragt werden als die Gesellschaft ausgibt. Die hohe Nachfrage hält nicht selten die ersten Handelstage, manchmal auch Wochen an, was sich in signifikant steigenden Börsenkursen niederschlägt. Spätestens nach einer gewissen Zeit sollten Anleger allerdings vorsichtig werden und den weiteren Kursverlauf mit Argusaugen verfolgen. Hohe Kurssteigerungen von Börsenneulingen müssen diese nämlich erst durch gute Geschäftszahlen belegen, und das fällt jungen Aktiengesellschaften oft nicht leicht. Bis die investierten Gelder aus dem Börsengang zum Tragen kommen, kann eine ganze Weile vergehen. Ob die Aktionäre so lange bei der Stange bleiben, ist ungewiss. Im Zweifelsfall sollte man vorhandene Gewinne besser mitnehmen und zumindest einen Teil der Papiere verkaufen.

Langfristig gesehen, lässt sich festhalten, dass sich die meisten Neuemissionen lohnen. Wer einer neu emittierten Aktie über Jahre treu bleibt, der wird, sofern die Gesellschaft erfolgreich wirtschaftet, über den einstigen Ausgabekurs nur noch schmunzeln können. Erfolgreiche Börsengänge der letzten Jahre sind zum Beispiel die Postbank, deren Aktien Mitte 2004 zum Preis von 28 Euro an den Start gingen und die heute über 60 Euro kosten. Mehr als verdoppelt hat sich auch die Aktie von Wincor Nixdorf, die zur Emission vor gut zwei Jahren rund 40 Euro kostete und heute erst ab 110 Euro zu haben ist. Besonders gut haben es Aktionäre von Solarworld getroffen. Wer die Aktie 1999 zum Ausgabepreis von weniger als drei Euro kaufte, kann sich heute über einen Aktienpreis von etwa 50 Euro freuen.

So entsteht der Aktienpreis

Beim Börsengang verkauft eine Aktiengesellschaft Unternehmensanteile an Investoren. Für diese Anteile (Aktien) muss ein Preis ermittelt werden. Die aus dem Englischen stammende, gebräuchliche Kurzformel IPO spielt dabei eine wichtige Rolle. „**I**nitial **P**ublic **O**ffering" bedeutet so viel wie „erstmaliges öffentliches Angebot". Es bezieht sich auf die Aktien des Unternehmens, die zum ersten Mal einer breiten Öffentlichkeit zum Kauf angeboten werden. Privatanleger und institutionelle Investoren wie Versicherungen und Fondsgesellschaften können innerhalb der Zeichnungsfrist Anteilscheine bestellen. Wer wie viele Anteile ordern darf, legt die Aktiengesellschaft fest. Dazu bestimmt sie einen Schlüssel, wie viel Prozent der Aktien an Privatanleger gehen sollen und wie viel an Großinvestoren.

Wie auf allen Märkten, so gilt auch bei Neuemissionen: Die Nachfrage bestimmt den Preis. Zwar legen das Unternehmen sowie die den Börsengang begleitenden Banken eine Preisspanne für die neuen Aktien fest, doch ist die Nachfrage zu gering, muss die Preisvorstellung zurückgeschraubt werden. Bestes Beispiel war jüngst der Börsengang der Fluggesellschaft AIR Berlin, die die Preisspanne ihrer Aktien deutlich senken musste, um den Börsengang zu retten.

In der Regel treffen die Banken die Preisvorstellung der Investoren aber recht gut. Mit Hilfe des so genannten Bookbuilding-Verfahrens wird der Ausgabepreis ermittelt. Dabei geben Anleger während der Zeichnungsfrist ihre Angebote ab, die Banken werten diese aus und legen dann den Ausgabepreis fest – bei hoher Nachfrage am oberen Ende der Preisspanne, bei geringerer Nachfrage am unteren. Der Ausgabepreis soll den Wert und die Gewinnaussichten des Unternehmens möglichst realistisch widerspiegeln.

So zeichnen sie richtig

Als Privatanleger haben Sie die Möglichkeit, Aktien bei ihrer Depot führenden Bank zu ordern. Bestellen Sie dazu die gewünschte Anzahl bei ihrem Bankberater oder geben Sie die Stückzahl in die Ordermaske Ihres Onlinebrokers ein. Der Kaufbetrag ergibt sich aus der Multiplikation von Stückzahl mal Ausgabepreis. (Beispiel: 150 Aktien zu je 20 Euro kosten 3.000 Euro)

Sie können die Zeichnungsaufträge auch in einzelne Teilorders splitten. Gerade bei Aktien, die sehr begehrt sind, kann sich das lohnen, denn viele Einzelaufträge erhöhen die Chance einer Zuteilung. Heiß begehrte Titel sind schnell vergriffen und längst nicht jeder Anleger, der eine Order aufgibt, bekommt die gewünschte Anzahl an Aktien. Nicht selten gehen Anleger leer aus, ein Recht auf Zuteilung gibt es nicht. Aber Achtung: Jede Teilausführung zählt als eigenständige Order, für jede Order fallen Verkaufsgebühren an.

Kauftipps

- Ordern Sie Neuemissionen ohne Limit oder etwas über dem sich anbahnenden Ausgabepreis. Nur dann haben Sie Chancen auf Zuteilung. Erreicht Ihr Kaufauftrag nicht den Emissionspreis, gehen Sie leer aus. Aber Achtung: Bei sehr starker Nachfrage wird in seltenen Fällen der Ausgabepreis kurzfristig heraufgesetzt. Möchten Sie negative Überraschungen beim Kaufpreis ausschließen, sollten Sie mit einem Preislimit arbeiten.
- Besitzen Sie mehrere Depots, empfiehlt sich die Zeichnung bei einer Konsortialbank, am besten beim Emissionsführer. Grund: Banken, die den Börsengang durchführen (Konsortialbanken), bevorzugen gern ihre eigenen Kunden bei der Aktienzuteilung.
- Warten Sie mit der Order nicht bis zum Ende der Zeichnungsfrist. Erstens kann diese Frist bei großer Nachfrage jederzeit

verkürzt werden – dann gehen Sie leer aus. Zweitens können Aktien nach dem so genannten „First-come-first-serve-Prinzip“ zugeteilt werden. Das bedeutet: „Wer zuerst kommt, malt zuerst“.

- Haben Sie eine Zuteilung bekommen und zeigen die ersten Kurse der Aktie steil nach oben, sollten Sie zumindest über eine teilweise Realisierung der Gewinne nachdenken. Solche Strohfeuer können nämlich schnell vorüber sein und das Papier zunächst in den Niederungen des Aktienmarktes abtauchen.

Wo und wie kaufe ich Aktien günstig?

Aktien werden zwar an der Börse gehandelt, aber nicht dort verkauft. Privatanleger müssen sich an ihre Bank oder einen Onlinebroker wenden. Die Geldinstitute übermitteln den Kaufwunsch an einen Börsenmakler oder an das Computerhandelssystem Xetra und wickeln die Transaktion im Auftrag des Kunden ab. Früher wurden Aktiengeschäfte praktisch nur am Bankschalter getätigt. Der Anleger ging zum Wertpapierspezialisten, ließ sich beraten und erteilte dann seine Order. Pfiffige Anleger, die öfter Wertpapiere kauften, orderten per Telefon – das ersparte den Gang in die Filiale. Beide Kaufvarianten haben aber Nachteile: Sie sind vergleichsweise teuer und umständlich. Moderne Aktiengeschäfte funktionieren dank des Internets deutlich schneller, preiswerter und bequemer. Die Mehrheit der Aktionäre kauft heute Aktien über Onlinebroker oder Direktbanken bequem vom heimischen PC aus.

Kaufgebühren eindämmen

Im klassischen Bankgewerbe, also mit Filialbetrieb und Beratung, liegt die Provision bei Aktienkäufen üblicherweise bei einem Prozent vom Kurswert. Wer für 10.000 Euro Aktien am Bankschalter kauft, muss bei Commerzbank und Co. im Schnitt mit 100 Euro Provision rechnen. Für Kleinorders (unterhalb 5.000 Euro) berechnen Filialbanken eine Mindestgebühr. Sie liegt zumeist zwischen 20 und 30 Euro. Die gleichen Gebühren fallen auch beim Verkauf von Aktien an. Das bedeutet, wer zweimal im Monat Aktien im Wert von jeweils 10.000 Euro kauft und wieder verkauft, muss bereits mit 400 Euro Transaktionskosten rechnen. Hinzu addieren sich geringfügige Spesen für den Börsenmakler bzw. das Computer-Handelssystem Xetra.

Deutlich preiswerter handeln Sie, wenn Sie Aktien übers Internet kaufen. Den Onlinekauf bieten inzwischen nicht nur Direktbanken und Onlinebroker an, sondern auch die großen Filialbanken und Sparkassen. Die Systeme arbeiten heute sehr sicher und fehlerfrei. Die Eingabemasken sind übersichtlich, gut verständlich und führen den Anleger in leicht nachvollziehbaren Schritten zur gewünschten Order. Ein weiterer Vorteil des Internetkaufs ist, dass Kauf- und Verkaufsaufträge innerhalb weniger Minuten, manchmal sogar nur Sekunden, ausgeführt werden. Damit besteht für den Anleger erhebliche Investitionssicherheit. Er kann anhand der Ordermaske genau verfolgen, ob die Order angenommen wurde und zu welchem Preis sie ausgeführt wird.

Online-Kunden können kräftig sparen. So kosten Kleinaufträge bis 5.000 Euro Ordervolumen bei reinen Internetanbietern wie Cortal-Consors, Comdirect oder ING-DiBa zwischen zehn bis zwölf Euro Kaufgebühr. Odergrößen um die 10.000 Euro schlagen mit 20 bis 30 Euro zu Buche. Leider sind die deutschen Großbanken auch beim Onlinehandel teurer. Internet-Aufträge über 10.000 Euro schlagen dort mit mindestens 50 Euro zu Buche, bei der Deutschen Bank sogar mit 100 Euro. Dem gegenüber heben sich ausländische Filialbanken mit Onlinehandel positiv ab: So berechnet die amerikanische Citibank für alle Ordergrößen einheitlich 9,99 Euro und die schwedische SEB Bank je nach Anlagesumme zwischen 13 und 25 Euro.

Praxistipps

- Die Aktienorder sollte mindestens 1.500 Euro betragen, damit die Kauf- bzw. Verkaufsgebühren in einem wirtschaftlichen Verhältnis zum Anlagebetrag bleiben.
- Möchten Sie eine Aktie sofort kaufen, können Sie die Funktion „Fill-or-kill" im Computerhandel Xetra nutzen. Die Order wird sofort vollständig ausgeführt, auch wenn nicht genügend Aktien

zum gleichen Preis vorhanden sind. Die Order wird dann gesplittert. Aber: Ist die sofortige Ausführung nicht möglich, wandert der Auftrag in den Papierkorb.

- Soll Ihre Order über den Tag der Auftragsvergabe hinaus gültig bleiben, müssen Sie mit dem Zusatzvermerk „Ultimo" zeichnen. Der Berater am Bankschalter wird dies sicherlich von sich aus fragen. Beim Onlinekauf bieten die Ordermasken der Geldinstitute entsprechende Funktionen zum Anklicken an. Ultimo bedeutet in der Börsensprache „bis zum Monatsende". Soll die Order länger Gültigkeit haben, kann man in der Regel Folgemonate angeben.

Wertpapiere günstig aufbewahren

Die Aufbewahrung von Aktien im Wertpapierdepot verursacht Depotgebühren. Klassische Geschäftsbanken verlangen je nach Vermögen zwischen 0,10 bis 1,5 Prozent vom Depotwert, nicht selten 20 Euro Minimumgebühr im Jahr. Das bedeutet, wer für 50.000 Euro Aktien in seinem Depot liegen hat, der muss mit jährlichen Verwahrungskosten von bis zu 750 Euro rechnen!

Auch bei der Depotverwahrung gilt: Direktbank-Kunden fahren besser. Viele Internetbanken verwahren Wertpapiere sogar kostenlos, wenn zugleich ein Girokonto dort geführt wird (z. B. Comdirect, ING-DiBa, Postbank) oder der Anleger einen Fondssparplan betreibt (fast alle Internetanbieter). Ist kein kostenloses Depot möglich, bewegen sich die Gebühren bei Onlineverwahrung meist bei moderaten 12 bis 20 Euro pro Jahr. Positiv: Die Gebührensätze bei Direktbanken sind meistens fix, das heißt, auch bei steigender Depoteinlage bleiben die Gebühren unverändert.

Die häufigsten Fehler beim Aktienkauf

Nicht alles auf eine Karte setzen

„Diversifizieren Sie Ihre Investments!" Diese Maxime von Sir John Templeton, dem Begründer der gleichnamigen Investmentgesellschaft und Initiator eines der erfolgreichsten Aktienfonds der Welt, des Templeton Growth Fund, hat bis heute nichts von ihrer Gültigkeit verloren. Diversifizieren bedeutet sinngemäß: Risikostreuung. Das Anlagekapital sollte stets auf mehrere Titel aus unterschiedlichen Branchen bzw. Regionen verteilt werden.

Sinn der Diversifikation ist die Verlustbegrenzung. Es gilt das Prinzip: Je kleiner der Depotanteil eines Einzelwertes, desto geringere Auswirkungen hat ein Wertverlust dieses Titels auf das Gesamtdepot. Allerdings darf man das Prinzip nicht auf die Spitze treiben. Bestünde ein Aktiendepot aus 100 gleichgewichteten Einzelwerten, läge zwar die Verlustwahrscheinlichkeit eines Titels nur bei einem Hundertstel, im Gegenzug ist aber auch die Gewinnwahrscheinlichkeit durch Hundert zu teilen. Unterm Strich wird dieses Depot nur selten eine überzeugende Rendite erwirtschaften. Adäquat zur Maxime von John Templeton muss es also zugleich heißen: Konzentrieren Sie Ihre Investments! Studien zeigen immer wieder, dass ein ausgewogener Depotmix von acht bis zehn Aktien unter dem Kosten-Nutzen-Aspekt die besten Erfolgsaussichten besitzt.

Anlageklassen kombinieren

Eine maximale Risikobegrenzung erreichen Sie, wenn Sie mehrere Anlageklassen miteinander kombinieren. Eine solche Diversifizierung ist zugleich die beste Voraussetzung für langfristigen Anlageerfolg. Der Amerikaner Harry Markowitz bewies, dass die Kombination unterschiedlicher Wertpapierarten – also Aktien, Anleihen, Immobilienfonds etc. – bessere Renditen erwirtschaftet als ein reines Aktiendepot. Für diese Erkenntnis erhielt der Wissenschaftler den Nobelpreis. Die Depotmischung senkt zwar kurzfristig die Durchschnittsrenditen, die höhere Wertstabilität sorgt unterm Strich aber für mehr Gewinn. Ein leuchtendes Beispiel dafür ist der

US-Amerikaner Warren Buffett, der mit dieser Anlagetaktik zum erfolgreichsten Investor aller Zeiten avancierte.

Kaufen Sie keine Wackelkandidaten

Beim Aktiensparen kommt es vor allem auf die Qualität der ausgesuchten Titel an. Empfehlenswert sind vor allem so genannte Blue-Chip-Aktien, also Standardwerte mit relativ geringen Schwankungsbreiten. Solche Unternehmen sind gestandene und in der Regel auch bekannte Marktführer, die bereits seit Jahrzehnten erfolgreich auf den Weltmärkten operieren. Blue-Chip-Aktien finden Sie vor allem in den großen, bekannten Leitindizes, etwa im DAX, im Euro Stoxx 50, im japanischen Nikkei Index oder dem amerikanischen Dow Jones Index. Keine Angst, hohe Gebühren für ausländische Werte müssen Sie nicht befürchten. Die Aktien aus den bekannten Auswahlindizes sind alle zu günstigen Konditionen an heimischen Börsen handelbar.

Für den langfristigen Vermögensaufbau ist es besonders wichtig, dass die ausgesuchten Titel eine hohe Anlagekonstanz garantieren. Bei kleineren Nebenwerten oder High-Tech-Aktien ist das oft nicht der Fall. Sie besitzen nicht nur ein wesentlich höheres Kursrisiko als Indexschwergewichte, oft ist auch deren Lebenszeit begrenzt. Auf Grund der geringen Liquidität sind Firmenpleiten und -übernahmen an der Tagesordnung. Verschwinden solche „Eintagsaktien“ ungewollt schnell vom Kurszettel, ist der Investor gezwungen, sich nach aussichtsreichen Ersatzpapieren umzusehen. Mal davon abgesehen, dass beim Rückzug vom Börsenparkett (Delisting) oft Kapital verloren geht und der Kauf neuer Aktien neue Gebühren hervorruft, erschweren häufige Depotumschichtungen auch das Verfolgen bestimmter Anlagestrategien.

Sicher kaufen mit Limits

Wer kauft schon gern die Katze im Sack? – niemand! Doch genau das tun viele Anleger beim Aktienerwerb, wenn sie ihren Kaufauftrag ohne Limit abgeben. Börsianer bezeichnen solche Orders als „billigst“. Der Kauf kommt dann zum nächstmöglichen Kurs zustande. Doch das ist riskant. Weil Aktienkurse schwanken, wissen Sie als Käufer nicht exakt, wie viel Sie für das gewünschte Papier letztendlich bezahlen müssen. Bis Ihre Order am Parkett oder im Computerhandel vorliegt, vergeht einige Zeit. Hinzu kommt, dass die entsprechende Menge Aktien zum anvisierten Preis erst einmal gefunden werden muss. Schnellt in der Zwischenzeit der Aktienkurs nach oben, wird das Papier teurer als gedacht. Gerade bei kleineren Aktientiteln mit wenig Umsatz gehen Kurssprünge sehr schnell.

Um das zu verhindern, sollten Sie Kaufaufträge immer mit einer Preisobergrenze versehen. So genannte Limits geben den Höchstpreis an, zu dem Sie als Käufer bereit sind, das Papier noch zu erwerben. Liegt der Kurs im Augenblick des Ordereingangs unter dieser Grenze, bezahlen Sie maximal den augenblicklichen Preis. Liegt der Kurs darüber, wird aus dem Kauf zunächst nichts. Der Makler bzw. der Computer im Xetra-Handel wartet dann, bis eine Schwankung den Kurs wieder unter die angegebene Preisschwelle drückt oder bis ein Verkäufer bereit ist, Papiere zu diesem Preis abzugeben. Tipp: Bei steigenden Kursen sollten Sie das Limit nicht zu knapp setzen. Ansonsten kann es passieren, dass Ihre Order nicht ausgeführt wird, weil die Preisgrenze bereits überschritten ist.

Limits funktionieren auch umgekehrt

Möchten Sie eine Aktie verkaufen, so können Sie mittels einer Untergrenze angeben, bis zu welchem Preis Sie bereit sind, die Papiere abzugeben. Mit einem solchen Verkaufslimit verhindern Sie einen zu billigen Verkauf Ihrer Papiere und somit Renditeeinbußen. Börsianer bezeichnen Orders ohne Kursuntergrenze als „bestens“.

Kein Kauf auf Pump

Wer Aktien auf Kredit kauft, muss um die Gefahren wissen. Insbesondere Depotbesitzer bei Direktbanken sollten aufpassen, denn die problemlos eingeräumten Wertpapierkredite verleiten immer wieder zum Schulden machen. Dabei sind Wertpapierkredite eigentlich eine feine Sache: Aktionäre dürfen das eigene Depot je nach Einlagenhöhe bis zu einem bestimmten Prozentsatz beleihen, um neue Wertpapiere zu kaufen. Mit den Gewinnen können die Schulden leicht zurückgezahlt werden – so die Theorie.

Die Praxis sieht jedoch anders aus: Das Spekulieren mit geliehenem Geld ist hoch riskant und hat schon so manchen Anleger ruiniert. Denn brechen die Kurse nach dem Kauf der Wertpapiere ein, fordern die Banken ihr Geld zurück, wenn der Depotwert nicht mehr im richtigen Verhältnis zum Beleihungswert steht. Folge: Der Kreditnehmer muss mit Verlust verkaufen. Unterm Strich steht meist ein dickes Minus, zu dem auch noch Schuldzinsen addiert werden. Darum: Geschäfte an der Börse sollte man sicherheitshalber nur aus vorhandenen Eigenmitteln bestreiten!

Stopp-Loss-Aufträge

Börsianer sollten stets aktives Verlustmanagement betreiben. Denn Abstürze sind immer möglich – und die wiegen schwer. So bedarf es bei einem Kursverlust von 50 Prozent immerhin einer Wertsteigerung um 100 Prozent, um wieder auf den gleichen Ausgangswert zu kommen!

Wichtigste Sicherheitsbarriere sind Stopps. Solche Verkaufsschwellen setzen Börsianer 10 bis 15 Prozent unterhalb des Einkaufspreises der Aktie, bei volatilen Titeln bis zu 20 Prozent. Fällt die Aktie unter die festgelegte Stopp-Loss-Grenze, verkauft die Bank automatisch das Papier. Auf diese Weise sind Totalverluste ausgeschlossen. Wichtig: Steigt eine Aktie, sollten Sie den Stoppkurs entsprechend noch oben ziehen und so vorhandene Gewinne sichern.

Tipp: Wählen Sie möglichst krumme Zahlen als Stopp-Limit, etwa 20,11 Euro und nicht 20 Euro. Grund: Da Anleger Stopp-Kurse gern auf glatte Zahlen legen, löst deren Erreichen oder Unterschreitung eine Flut von Verkäufen aus. Dadurch kann der Kurs kurzzeitig stark absacken, was den Verkaufserlös deutlich schmälert.

Zehn Anlagefehler, die Sie vermeiden sollten

Fehler: Blinde Geldanlage

Handlungsempfehlung: Vertrauen Sie nicht blind der Anlageempfehlung eines Freundes, Nachbarn oder Arbeitskollegen. Informieren Sie sich selbst. Beschäftigen Sie sich mit der favorisierten Aktiengesellschaft. Drehen Sie den Spieß um: Suchen Sie nach Informationen, die gegen die avisierte Geldanlage sprechen. Je weniger Negatives Sie finden, desto besser.

Fehler: Wechselhafte Strategie
Handlungsempfehlung: Laufen Sie nicht jedem Trend hinterher. Oft ist der günstigste Einstiegszeitpunkt sowieso schon vorbei. Entscheiden Sie sich für einen zu Ihnen passenden Anlagestil und bleiben Sie diesem über einen längeren Zeitraum treu.

Fehler: Keine Ausdauer
Handlungsempfehlung: Wer hektisch jeder noch so kleinen Wertsteigerung nachläuft, macht schnell Fehler. Außerdem schmälern häufige Transaktionsgebühren die Rendite. Ausdauernde Anleger profitieren auf lange Sicht von steigenden Kursen und Dividendenzahlungen.

Fehler: Zyklisches Sparen
Handlungsempfehlung: Verkaufen Sie nicht gleich, nur weil die Kurse nach unten gehen. Bleiben Sie auch in schlechten Zeiten bei der Stange. Vermögensaufbau zum Beispiel mit Aktienfonds funktioniert am besten durch regelmäßige Sparbeiträge und dem Ausnutzen des Cost-Average-Effekts. Danach erzielen Sie günstige Einstandspreise, wenn sie kontinuierlich gleichbleibende Beträge investieren!

Fehler: Verlusten tatenlos zusehen
Handlungsempfehlung: Wirken Sie Verlusten aktiv entgegen. Setzen Sie Stopp-Loss-Marken, damit Aktien nicht ins Bodenlose stürzen. Ziehen Sie Stopps kontinuierlich mit nach oben, wenn das Wertpapier steigt.

Fehler: Nicht alles auf eine Karte setzen
Handlungsempfehlung: Diversifizieren Sie ihr Depot. Mischen Sie ihre Geldanlagen, je nach Alter, persönlicher Risikoneigung und Anlagehorizont.

Fehler: Zu geringe Streuung
Handlungsempfehlung: Kaufen Sie innerhalb einer Anlagekategorie verschiedene Papiere aus unterschiedlichen Branchen, Sektoren, Regionen etc.

Fehler: Dividende vernachlässigen
Handlungsempfehlung: Neben Kursgewinnen sollten Sie das Anlageergebnis durch Ausschüttungen aufbessern. Bedenken Sie bei Ihrer Anlageentscheidung die Zahlung von Dividenden, Zinsen, Fondsausschüttungen etc.

Fehler: Wertpapiere zu teuer einkaufen
Handlungsempfehlung: Ist die Aktie bereits sehr teuer, lassen Sie die Finger von diesem Papier. Achten Sie auf das Kurs-Gewinn-Verhältnis (KGV) bei Aktien.

Fehler: Ungünstig verkaufen
Handlungsempfehlung: Die beste Wertentwicklung nützt nichts, wenn Sie zu einem ungünstigen Zeitpunkt verkaufen müssen. Kursgewinne sind dann schnell zunichte gemacht. Sparen Sie bei Wertpapieren nicht punktgenau, sondern nehmen Sie günstige Ausstiegszeitpunkte wahr und sichern Sie Ihre Gewinne.

Aktien und ihre Risiken

Die Aktienanlage hält so manche Überraschung und Unwägbarkeit bereit. Da die Auswirkungen auf die eigene Beteiligung recht unterschiedlich sein können, sollte man, um angemessen reagieren zu können, die wichtigsten Regeln bzw. Risiken kennen.

Aktiensplitt

Wer eine Aktie des Sportwagenherstellers Porsche kaufen möchte, muss dafür rund 800 Euro ausgeben. Vielen Anlegern ist dieser Preis zu hoch, sie kaufen lieber Werte, die deutlich weniger kosten. Abhilfe für eine teure Aktie könnte ein so genannter Aktiensplitt schaffen. Dadurch wird das Grundkapital der Gesellschaft neu aufgeteilt, das heißt, aus einer teuren Aktie werden viele preiswerte. Beispiel: Eine 800-Euro-Aktie teilt sich durch einen Aktiensplitt von 1:100 in hundert Aktien zu je acht Euro.

Altaktionäre erleiden dadurch weder Vor- noch Nachteile. Die einzelne Aktie ist nun zwar weniger wert, dafür hat der Anleger aber entsprechend mehr Papiere im Depot. Positiver Nebeneffekt: Durch den geringeren Preis erleben Aktien nach einem Splitt häufig einen Kursschub, weil die Papiere auf den ersten Blick preiswert aussehen. Nachteil: Viele Kapitalschnitte erschweren den Überblick über die tatsächliche Wertentwicklung der Aktie. Aus steuerlicher Sicht sind Aktiensplitts neutral: Bei einem Verkauf der Papiere binnen zwölf Monaten bleibt das gesamte Paket von den Finanzbehörden unbehelligt, wenn die Ausgangspapiere vor dem Aktiensplitt bereits länger als ein Jahr im Besitz des Anlegers waren.

Kapitalerhöhung

Mit Hilfe von Kapitalerhöhungen verschaffen sich Aktiengesellschaften frisches Geld, zum Beispiel für größere Investitionen. Eine Kapitalerhöhung erfolgt durch die Ausgabe neuer Aktien. Die Auswirkungen für den Aktionär bestehen einerseits darin, dass er neue Papiere zeichnen kann, andererseits verwässern die ausgegebenen Aktien das Anteilsverhältnis des Aktionärs an seiner Unternehmensbeteiligung. Durch den Kauf neuer Aktien kann dies wieder ausgeglichen werden.

Damit ein Anreiz besteht, die neuen Aktien zu kaufen, liegt der Bezugspreis für Altaktionäre in der Regel unter dem aktuellen Börsenkurs. Der Aktionär erhält ein Vorkaufsrecht – das so genannte Bezugsrecht. Diese Bezugsrechte sind gesetzliche Pflicht, denn durch die Erhöhung der Aktienzahl verwässert sich der Wert der eigenen Aktien gegenüber dem Grundkapital der Gesellschaft. Das bedeutet: Zeichnen Sie als Anleger keine neuen Aktien, verringert sich Ihr Eigentumsanteil am Vermögen der AG. Über vergünstigte Bezugsrechte besteht nun die Möglichkeit, die Beteiligungsquote gleich hoch zu halten. Möchten Sie nicht an der Kapitalerhöhung teilnehmen, können Sie ihre Bezugsrechte in der Regel über die Börse verkaufen.

Als Aktionär sollten Sie sich weniger davon beeindrucken lassen, dass eine Kapitalaufstockung den Aktienkurs zunächst nach unten drückt. Viel wichtiger ist es zu wissen, was mit dem neuen Geld geplant ist und welche Erfolgsaussichten die Investition besitzt. Oft sind Kapitalerhöhungen Folge einer dynamischen Unternehmensentwicklung, die sich schon bald in höheren Gewinnen auszahlen wird. Bessere Geschäfte sind die Grundlage für höhere Aktienkurse – damit ist die Kapitalerhöhung nur zu begrüßen. Dient die Finanzspritze aber lediglich dazu, eine finanzielle

Schieflage des Unternehmens auszugleichen, ist sie eher ein Zeichen von unternehmerischer Schwäche – die Folge dürften sinkende Aktienkurse sein. Beim Aktionär sollten spätestens jetzt die Alarmglocken läuten.

Achtung bei Konkurs einer Gesellschaft

Ein wesentliches Kursrisiko besteht, wenn eine Aktiengesellschaft Totalverlust erleidet bzw. Konkurs anmeldet. Bei einer Firmenpleite saust der Aktienkurs in Windeseile gegen Null und der Anteilseigner kann im ungünstigen Fall kaum mehr als die Börsenspesen aus dem Verkauf seiner Papiere erlösen. Um solch unangenehme Überraschungen auszuschließen, ist die regelmäßige Lektüre von Quartals- und Geschäftsberichten unvermeidlich. Aktionäre müssen sich kontinuierlich über den Zustand und die Geschäftsaussichten ihrer Beteiligungen informieren. Häufen sich schlechte Nachrichten, sollte man sein Engagement in diese Aktie besser reduzieren.

Delisting

Rückzug von der Börse – so lässt sich Delisting in Kurzform übersetzen. Wird eine Aktiengesellschaft von einer anderen übernommen oder ist ihr das Listing an der Börse zu teuer (trifft oft auf Klein- und Mittelständler zu), dann kann sich das Unternehmen von der Börse zurückziehen. Problematisch wird der Rückzug, wenn ein Großaktionär verbliebene Minderheitsaktionäre gegen deren Willen auskaufen will. Besitzt der Mehrheitseigner mindestens 95 Prozent aller Aktien, kann er den verbliebenen Aktionären ein Angebot unterbreiten, das diese annehmen müssen. Dieses so genannte Squeeze-out (deutsch: ausquetschen) soll Fusionen und Firmenübernahmen erleichtern. In aller Regel legt ein unabhängiger Wirtschaftsprüfer den Abfindungspreis fest, dadurch soll Fairness gewahrt bleiben. Bestehen Zweifel an der Höhe der Zwangsabfindung, können Minderheitsaktionäre das Angebot juristisch überprüfen lassen. Das ändert aber nichts am eigentlichen Rauswurf der Aktionäre als Teilhaber, allerhöchstens erhalten sie eine höhere Abfindung.

Ein verlustreiches Delisting kann auch entstehen, wenn ein Unternehmen eine abgespaltene Aktiengesellschaft wieder in den Konzern integrieren möchte. Ein anschauliches Beispiel dafür ist die Verschmelzung der Deutschen Telekom mit T-Online. Die Deutsche Telekom hatte T-Online im Jahr 2000 aus dem Konzern ausgegliedert und an die Börse gebracht. Die Papiere kosteten damals 27 Euro je Aktie. Sechs Jahre später wurde der Internetableger gegen den Willen vieler Aktionäre zu rund neun Euro pro Aktie von der Deutschen Telekom zurückgekauft und wieder in den Konzern eingegliedert. Für Erstaktionäre von T-Online bedeutete dies zwei Drittel Verlust!

Wenn Sie von einem Delisting betroffen sind, sollten Sie entweder die Aktien rasch an der Börse verkaufen oder – falls es bereits zu spät sein sollte – ernsthaft über die Annahme des Abfindungsangebots nachdenken. Auch wenn Sie mit Verlust verkaufen müssen, kann der Verkauf der Papiere allemal besser sein als das verzweifelte Weiterhalten. Nach dem Delisting eines Unternehmens und der Einstellung der Kursnotiz an der Börse bestehen für Privatanleger nämlich kaum noch Möglichkeiten, einen Preis für ihre Aktien zu ermitteln, geschweige denn einen Käufer dafür zu finden. Die Aktienverluste nehmen dadurch eher zu.

Welchen Anteil das Finanzamt fordert

Das Investment in Aktien zählt bislang zu den steuergünstigsten Anlageformen. Der wesentliche Teil der erzielten Renditen, die Kurszuwächse, unterliegen nämlich nur unter bestimmten Bedingungen der Besteuerung, oft bleiben Kursgewinne völlig steuerfrei. Zwar möchte die große Koalition in Berlin dieses Steuerschlupfloch schließen, etwa durch eine 25-prozentige Abgeltungssteuer auf alle Aktiengewinne. Doch selbst wenn dies Gesetz wird, wären Aktien in vielen Fällen steuergünstiger als andere Geldanlagen. Die aktuelle Gesetzgebung sieht für Aktien unterschiedliche Steuermechanismen vor.

Spekulationsgewinne

Kursgewinne aus Aktien sind grundsätzlich steuerfrei, wenn zwischen Kauf und Verkauf der Aktien eine Haltefrist von mindestens einem Jahr liegt. Nur Kurszuwächse, die binnen zwölf Monaten realisiert werden, sind mit dem persönlichen Steuersatz zu versteuern. Bevor das Finanzamt jedoch auf Spekulationsgewinne zugreifen kann, vermindern zahlreiche Steuervergünstigungen die Abgabenlast des Aktionärs.

- **Spekulationsfreigrenze:** Privatanleger müssen nicht sofort ab dem ersten Kursgewinn den Ertrag mit dem Finanzamt teilen. Zunächst greift die Spekulationsfreigrenze von 512 Euro pro Anleger und Jahr. Das bedeutet: Betragen die erzielten Spekulationsgewinne im Kalenderjahr insgesamt weniger als 512 Euro, dann gehen die Finanzbehörden leer aus. Es gilt aber zu wissen: Die Freigrenze ist kein Freibetrag! Wird die Spekulationsfreigrenze von 512 Euro erreicht oder überschritten, ist stets der gesamte Ertrag mit dem Finanzamt zu teilen.
- **Halbeinkünfteverfahren:** Bevor es soweit ist, können Börsianer den nächsten Trumpf aus dem Ärmel ziehen: das Halbeinkünfteverfahren. Es besagt, dass Aktiengewinne nur zur Hälfte steuerpflichtig sind. Erzielen Sie beispielsweise im Kalenderjahr einen Spekulationsgewinn von 1.000 Euro, wird das Finanzamt nur 500 Euro in die Bemessungsgrundlage einbeziehen. Diese Vorgehensweise hat zudem den Vorteil, dass sich die Spekulationsfreigrenze quasi verdoppelt. Anders ausgedrückt: Dank des Halbeinkünfteverfahrens sind Spekulationsgewinne bei Aktien bis zu 1023,99 Euro praktisch steuerfrei!
- **Verluste und Werbungskosten:** Den Spekulationsgewinnen dürfen Aktionäre gleichartige Verluste sowie den mit der Aktienanlage verbundenen finanziellen Aufwand (Kaufspesen, Depotgebühren, Reise- und Übernachtungskosten zur Hauptversammlung etc.) gegenüberstellen. Aber: Entsprechend dem Halbeinkünfteverfahren sind sowohl Verluste als auch Kosten nur zur Hälfte abzugsfähig. Bleibt unterm Strich ein Minus, dürfen Sie den Fehlbetrag auch mit Gewinnen aus dem Vorjahr oder dem kommendem Jahr verrechnen.
- **Gemeinschaftsdepot:** Ehepaare, bei denen jeder Partner Veräußerungsgeschäfte mit Aktien tätigt, dürfen jeweils die Spekulationsfreigrenze für sich beanspruchen. Nutzen sie ein Gemeinschaftsdepot, verdoppelt sich die Spekulationsfreigrenze auf 1023,99 Euro. Unterm Strich können Ehepaare aufgrund des Halbeinkünfteverfahrens insgesamt bis zu 2.047,99 Euro an Kursgewinnen steuerfrei vereinnahmen.

Dividenden

Neben Kurszuwächsen erzielen Aktionäre Gewinne auch durch Dividendenzahlungen. Allein die DAX-Konzerne schütten 2006 über 21 Milliarden Euro an ihre Aktionäre aus, das entspricht etwa 40 Prozent ihres Gesamtgewinns. Dank der Dividendenzahlungen kommen DAX-Aktionäre im Schnitt auf zwei bis drei zusätzliche Renditepunkte pro Jahr. Mit Dividendenstars wie Eon, Deutsche Telekom, DaimlerChrysler oder BASF ist meist noch mehr drin.

Wie bei allen Kapitaleinkünften fordert das Finanzamt auch für ausgeschüttete Unternehmensgewinne seinen Anteil. Für Dividenden gilt seit 2002 ebenfalls das Halbeinkünfteverfahren. Danach werden die aus Dividenden resultierenden Erträge zur Hälfte mit dem individuellen Steuersatz besteuert. Die Halbierung wirkt sich allerdings erst bei der Ermittlung der steuerpflichtigen Kapitalerträge im Rahmen der Einkommensteuererklärung aus. Zuvor muss die Bank 20 Prozent Kapitalertragsteuer auf die volle Dividende ans Finanzamt abführen. Diese können Sie jedoch im Nachhinein mit Ihrer Einkommensteuerschuld verrechnen lassen.

Tipp

Viele Kleinaktionäre brauchen es jedoch gar nicht so weit kommen zu lassen, denn der Sparerfreibetrag in Höhe von 1.370/2.740 Euro (Ledige/Verheiratete) gilt auch für Dividenden. Zwar wird dieser Freibetrag ab 2007 auf 750/1.500 Euro fast halbiert, aber selbst dann profitieren Börsianer. Denn liegt die Dividendenzahlung unterhalb des freigestellten Zinsbetrags bei der Depot führenden Bank, wird das Finanzamt die pauschale Kapitalertragsteuer nicht erheben. Nur darüber hinausgehende Dividendenzahlungen sind mit dem persönlichen Steuersatz zu versteuern.

Kapital 8

Börsenlexikon

Von A bis Z

A

Ad-hoc-Mitteilung Laut Wertpapierhandelsgesetz müssen Aktiengesellschaften kursrelevante Nachrichten unverzüglich veröffentlichen, um eine gleichmäßige und zeitnahe Informationsversorgung aller Marktteilnehmer zu gewährleisten. In Frage kommen sämtliche Fakten und Neuigkeiten, die den Kurswert der Aktie oder der Unternehmensanleihe beeinflussen können.

Aktie Wertpapier, das wirtschaftliches Miteigentum am Grundkapital einer Aktiengesellschaft verbrieft. Der Aktienkäufer wird Teilhaber des Unternehmens und hat Anspruch auf Dividendenzahlungen sowie ein Stimmrecht auf der Hauptversammlung, falls er Inhaber einer Stammaktie ist. Aktien können börsennotiert sein, müssen es aber nicht.

Aktienanleihe Bei diesem Wertpapier handelt es sich um eine Schuldverschreibung. Der Emittent hat am Laufzeitende das Wahlrecht, entweder den Nominalbetrag oder eine festgelegte Anzahl von Aktien der zu Grunde liegenden Aktiengesellschaft zu liefern.

Aktienfonds Investmentfonds, die das Fondsvermögen bis zu 100 Prozent in Aktien anlegen. Zu unterscheiden sind aktiv und passiv gemanagte Fonds. Aktives Fondsmanagement erfordert ständige Marktbeobachtung und das Umschichten der Aktien im Fonds je nach Marktlage. Folge: Höhere Kosten, aber auch die Option, besser als der Vergleichsindex abzuschneiden. Passive Fonds, etwa Indexfonds, bilden einen bestimmten Aktienindex 1 : 1 nach und erfordern nur einen geringen Managementaufwand und verursachen nur geringe Kosten.

Aktienrückkauf Unternehmen kaufen ihre eigenen Aktien zurück, um die Menge umlaufender Papiere zu reduzieren und damit den Kurswert der Aktien zu steigern.

Aktiensplitt Neuaufteilung des Grundkapitals einer Gesellschaft. Dazu wird eine relativ teure Aktie in wertmäßig kleinere Einheiten aufgeteilt.

In der Regel geschieht ein Aktiensplitt dann, wenn das Unternehmen auf Grund des hohen Preises Schwierigkeiten beim Handel mit seiner Aktie befürchtet. Für Aktienkäufer wird der Anteilschein nach einem Splitt zwar optisch billiger, unterm Strich entsteht dadurch aber kein finanzieller Vorteil.

Amtlicher Handel Strengste Form des Wertpapierhandels in Deutschland mit hohen Anforderungen an die Veröffentlichung von Unternehmensdaten.

Anleihe Sammelbegriff für alle festverzinslichen Wertpapiere, die von Unternehmen oder der öffentlichen Hand ausgegeben werden. Bei Anleihen, auch Rentenpapiere genannt, handelt es sich um Schuldscheine: Der Emittent garantiert die Rückzahlung des geborgten Kapitals am Laufzeitende, als Gegenleistung erhält der Anleger regelmäßig Zinsgutschriften.

B

Baisse Starke, anhaltende Kursrückgänge an der Börse (Gegenstück: Hausse).

Basket-Zertifikat Bündelung verschiedener Aktien in einem Zertifikat. Die Zusammensetzung des Aktienkorbs (engl. Basket) kann der Emittent während der Laufzeit ändern. Vorteil: Der Anleger kann an der Wertentwicklung verschiedener Aktien teilhaben, ohne diese selbst erwerben zu müssen.

Bär Synonym für eine Erwartungshaltung, die mit einem Kursrückgang an der Börse rechnet.

Benchmark Vergleichskurs, der als Maßstab für die Wertentwicklung von Aktienkörben oder Fonds herangezogen wird. Beispiel: Performance eines Aktienfonds im Vergleich zum DAX.

Bestens Hinweis für einen unlimitierten Verkaufsauftrag. Die Bank wird aufgefordert, ein Wertpapier zum bestmöglichen Kurs zu verkaufen, ein bestimmter Kurswert muss nicht erreicht werden.

Billigst Hinweis für einen unlimitierten Kaufauftrag. Die Bank wird aufgefordert, ein Wertpapier zum günstigsten verfügbaren Preis zu kaufen.

Blue-Chip Bezeichnung für substanzstarke Aktientitel mit hoher Börsenkapitalisierung.

Bonds Internationale Bezeichnung für festverzinsliche Wertpapiere (Anleihen).

Bonität Bewertungsmaßstab für die Kreditwürdigkeit eines Unternehmens bzw. einer öffentlichen Organisation.

Book-Building Verfahren zur Preisbestimmung von neu an die Börse kommenden Aktien. Im Book-Building-Verfahren ist kein fester Preis vorgegeben, sondern die Interessenten geben innerhalb einer bestimmten Preisspanne Zeichnungsangebote ab. Bewegt sich das Kaufinteresse am oberen Rand der Preisspanne, wird der Ausgabepreis dort festgesetzt und umgekehrt.

Briefkurs Preis, zu dem ein Marktteilnehmer bereit ist, ein Wertpapier zu verkaufen.

Broker Börsenmakler, der Wertpapiere im Auftrag von Banken und anderen Marktteilnehmern handelt.

Buchwert Er gibt an, wie viel ein Unternehmen wert ist. Dazu werden alle Vermögensteile und Schulden der Gesellschaft an einem bestimmten Stichtag bilanziert. Die Kennzahl zeigt, welche rechnerischen Werte ein Unternehmen innerhalb einer bestimmten Zeit geschaffen oder vernichtet hat. Buchwert und Marktwert können sich erheblich unterscheiden. Halten Aktionäre ein Unternehmen für deutlich wertvoller als sein aktuelles Betriebsvermögen (Buchwert), können dessen Aktien und damit sein Börsenwert schnell das Doppelte oder Dreifache des Buchwerts betragen. In Wachstumsbranchen ist dies oft der Fall.

Bulle Synonym für eine Erwartungshaltung, die mit Kursaufschwüngen an der Börse rechnet.

C

Call Kaufoption, mit der ein Investor das Recht erwirbt, während der Laufzeit die angebotenen Wertpapiere zu einem bestimmten Preis zu kaufen.

Cap Eine festgelegte Obergrenze, bis zu der zum Beispiel ein Zertifikat steigen kann.

Chart Graphik, die den Kursverlauf oder die Umsatzentwicklung eines Wertpapiers bildlich verdeutlicht.

Cost-Average-Effekt Der so genannte Durchschnittspreis-Effekt spielt bei Sparplänen eine große Rolle: Anleger erwerben Fondsanteile durch regelmäßige Anlage eines gleich hohen Geldbetrags unterm Strich günstig. Grund: Bei hohen Kursen kauft man wenig Anteile, weil ein Anteil viel kostet; bei niedrigen Kursen erwirbt man mehr Anteile, weil ein Anteil wenig kostet. Steigen die Kurse an, puschen die vielen, günstig erworbenen Anteile die Gesamtrendite.

Coupon Zinsabschnitt einer Anleihe. Gegen Einreichung des Coupons zahlt der Emittent die versprochenen Zinsen.

Crash Plötzlicher, starker Kurseinbruch der Börse.

D

Dachfonds Investmentfonds, der nicht direkt in Aktien oder Anleihen, sondern in andere Fonds investiert.

DAX Wichtigster deutscher Aktienindex. Er beinhaltet die nach Börsenkapitalisierung 30 größten deutschen Aktiengesellschaften.

Deflation Kräftiger Abschwung der Gesamtnachfrage und sinkende Preise sind Ausdruck einer Deflation. Im Zuge dessen bleiben Produktionskapazitäten ungenutzt, die Arbeitslosigkeit steigt, die Wirtschaftsleistung sinkt.

Derivate Derivate sind keine eigenständigen Wertpapiere, sondern Finanzgeschäfte, deren Bewertung sich aus dem Preis eines zu Grunde liegenden Basiswerts (z. B. eine Aktie) ableitet. Zertifikate und Optionsscheine zählen zu Derivaten.

Discount-Zertifikat Anleger erwerben mit diesem Wertpapier Aktien oder Aktienkörbe mit Rabatt. Der Preisnachlass ist eine Art Sicherheitspuffer gegen fallende Kurse, als Gegenleistung für die Bank ist der Gewinn begrenzt.

Diversifikation Streuung des Anlagekapitals auf verschiedene Investments, um Risiken einzudämmen.

Dividende Gewinnausschüttung eines Unternehmens an seine Aktionäre.

Dividendenrendite Stellt quasi die Verzinsung des in eine Aktie investierten Kapitals dar. Berechnung: Dividende mal 100 geteilt durch Börsenkurs.

Dow Jones Industrial Index Bekanntester und ältester Aktienindex der Welt. Er beinhaltet die 30 bedeutendsten Aktiengesellschaften der USA.

E

Emerging Markets Fonds Investmentfonds, die in Aktien oder Anleihen aufstrebender Märkte (Asien, Afrika, Lateinamerika oder osteuropäische Reformstaaten) investieren.

Emission Ausgabe von Wertpapieren.

Emittent Herausgeber von Wertpapieren und anderen Finanzprodukten.

Endlos-Zertifikat Zertifikat mit unbegrenzter Laufzeit.

Euro Stoxx 50 Der europäische Leitindex beinhaltet die 50 größten europäischen Aktiengesellschaften.

Exchange Traded Funds (XTF) Börsengehandelte Indexfonds, die einen bestimmten Aktienindex 1 : 1 nachbilden.

F

Fill-or-kill Eine Wertpapierorder mit diesem Zusatz ist im Computerhandels-System Xetra möglich. Sie wird sofort vollständig ausgeführt, auch wenn nicht genügend Aktien zum gleichen Preis am Markt vorhanden sind. Die Order wird dann gesplittet. Ist die Ausführung auf einen Schlag nicht möglich, wandert die Order in den Papierkorb.

Floater Festverzinsliche Wertpapiere mit variablem Zinssatz.

Fondsrating Internationale Ratingagenturen bewerten die Qualität von Investmentfonds. Standard & Poors vergibt beispielsweise für Spitzenfonds bis zu 5 Sterne, Feri Trust die Note A.

Freiverkehr Börsenhandel von Wertpapieren, der außerhalb des amtlichen Handels bzw. des geregelten Markts stattfindet.

FTSE 100 Der Leitindex Großbritanniens umfasst die 100 bedeutendsten britischen Werte. Der an der Londoner Börse berechnete Index heißt im Volksmund „Footsie“.

G

Garantiefonds Investmentfonds, der dem Anleger die Rückzahlung des angelegten Kapitals ganz oder teilweise garantiert. Als Gegenleistung ist die Gewinnmöglichkeit eingeschränkt.

Garantiezertifikat Das Wertpapier garantiert einen bestimmten Rückzahlungsbetrag in Bezug auf den Nennwert des Zertifikats.

Geldkurs Preis, zu dem ein Marktteilnehmer bereit ist, ein bestimmtes Wertpapier zu kaufen.

Genussschein Wertpapier, das Vermögensrechte an einer Gesellschaft garantiert, zum Beispiel das Recht auf Auszahlung eines Gewinnanteils.

Geschlossener Fonds Alle Fondsanteile werden zu Auflagebeginn verkauft, danach wird der Fonds geschlossen. Der Fondskäufer hat keinen Anspruch auf Rücknahme seiner Anteile. Nur wenn ein Käufer gefunden wird, können Anteile während der Laufzeit zurückgegeben werden.

Gewinnmitnahmen Verkauf von Aktien nach Kursgewinnen.

Going Public Neuemission am Aktienmarkt.

Grauer Markt Handel einer Aktie vor der offiziellen Notierung an der Börse.

Growth-Fund Investmentfonds, dessen Anlagekonzept auf Wachstumswerten basiert.

H

Halbeinkünfteverfahren Begriff aus dem Steuerrecht. Danach muss ein Anleger Dividendenzahlungen sowie Kursgewinne von Aktien nur zur Hälfte versteuern. Im Gegenzug erkennt das Finanzamt Werbungskosten und realisierte Kursverluste innerhalb der Spekulationsfrist auch nur zur Hälfte an.

Hauptversammlung Versammlung aller Aktionäre, die mindestens einmal jährlich abzuhalten ist. Inhaber von Stammaktien haben das Recht auf Teilnahme. Die Hauptversammlung wählt den Aufsichtsrat, entlastet den Vorstand, fast Beschlüsse über die Verwendung des Gewinns etc.

Hausse Starker, anhaltender Kursaufschwung an der Börse.

Hebelzertifikat Spekulatives Wertpapier, bei dem mit geringem Einsatz hohe Gewinne/Verluste möglich sind. Ursache dafür ist die Hebelung der Kursbewegung.

Hedge-Fonds Fonds, die in Aktien und Derivate (Optionen, Futures, Termingeschäfte) investieren und dabei auch geliehenes Geld verwenden. Obwohl das Ziel darin besteht, bei jeder Börsenlage eine positive Rendite zu erzielen, sind Hedge-Fonds hoch spekulativ.

Hedging Risikobegrenzung, bei der zwei entgegengesetzte Positionen aufgebaut werden. Ziel: Die Verluste aus der einen Position sollen durch Gewinne aus der anderen kompensiert werden.

Hexensabbat Viermal im Jahr, nämlich an jedem dritten Freitag im März, Juni, September und Dezember, kann es an den Aktienmärkten zu heftigen Kursturbulenzen kommen. Auslöser ist die „Kurspflege" an der Terminbörse Eurex. Die Terminbörse handelt Futures und Futures auf Optionen. Das Besondere an diesem Termin: Während Optionen auf Aktien und Indizes jeden Monat – nämlich immer am dritten Freitag – auslaufen, laufen Future-Kontrakte auf Indizes nur alle drei Monate aus. Treffen die Verfallstermine auf einen Tag zusammen, spricht man vom Hexensabbat. Es besteht aber kein Grund zur Panik, denn jeder Verkaufsposition steht eine Kaufposition gegenüber, so dass sich die Kurse trotz heftiger Ausschläge am Ende wieder angleichen.

I

Immobilienfonds Investmentfonds, die hauptsächlich in Immobilien investieren. Man unterscheidet offene und geschlossene Fonds. Im Gegensatz zu geschlossenen sind offene Immobilienfonds jederzeit handelbar, die Anzahl der Anteilseigner und das Investitionsvolumen ist nicht begrenzt.

Index Kennzahl, die die Entwicklung bestimmter Größen (Kurswerte z. B. DAX, Verbraucherverhalten etc.) anzeigt.

Index-Anlagen Geldanlageprodukte, die einen Index 1 : 1 nachbilden, zum Beispiel Indexfonds oder Indexzertifikate.

Intraday Wertpapierhandel innerhalb eines Tages.

IPO Kürzel für erstes öffentliches Kaufangebot zur Platzierung neuer Aktien am Kapitalmarkt (siehe auch Neuemission).

ISIN Internationaler Kennzeichnungscode für Wertpapiere (**I**nternational **S**ecurities **I**dentification **N**umber), die Anleger beim Kauf angeben müssen. Die ISIN ist zwölfstellig, bestehend aus einer Kombination von Buchstaben und Zahlen. Sie beginnt mit dem zweistelligen Länderkürzel (etwa DE für Deutschland), danach folgen jeweils drei Nullen, anschließend die ursprüngliche WKN und noch eine Prüfziffer. Die Siemensaktie besitzt beispielsweise die ISIN: DE0007236101.

Investmentfonds Gemeinsames Kapital vieler Anleger, das von einer Kapitalanlagegesellschaft als Sondervermögen verwaltet wird. Das investierte Geld wird in gleichwertige Anteile aufgeteilt und an die Anleger verkauft.

J

Jumbo-Anleihe Als Jumbos werden Anleihen bezeichnet, deren Emissionsvolumen 500 Millionen Euro übersteigt. Solche Anleihen sind sehr liquide und somit fortlaufend handelbar. Mindestens zwei Market-Maker kümmern sich um einen marktgerechten Preis. Die bekanntesten Anleihen dieser Größenordnung sind Jumbo-Pfandbriefe.

Junk-Bonds Anleihen, deren Schuldner eine geringe Bonität aufweist. Oft steckt der Emittent bereits in Zahlungsschwierigkeiten und kann seine Gläubiger nur durch das Versprechen hoher Zinszahlungen bei der Stange halten (auch Ramschanleihen genannt).

K

Kapitalerhöhung Aufstockung des Grundkapitals einer Aktiengesellschaft durch Ausgabe neuer Aktien oder durch Eigenmittel.

Kapitalschnitt Nach starken Verlusten führt ein Kapitalschnitt zu einer Reduzierung des Grundkapitals einer Aktiengesellschaft. Altaktionäre besitzen danach weniger Aktien. Damit wird die Aktionärsstruktur an das verbliebene Grundkapital angepasst.

KGV Das **K**urs-**G**ewinn-**V**erhältnis ist die meist beachtetste Kennzahl der fundamentalen Aktienanalyse. Sie gibt an, ob der Kaufpreis einer Aktie im Verhältnis zur Dividende niedrig oder hoch ist und zeigt damit zugleich, ob eine Aktie teuer oder preiswert am Markt gehandelt wird.

Knock Out Bezeichnet das Verfallen und wertlos Werden von Wertpapieren.

Konsolidierung In der Börsensprache versteht man darunter eine Stabilisierung der Kursentwicklung auf vorangegangene starke Kursbewegungen nach oben oder unten.

Konsortialbank/-führer Bei Neuemissionen sorgt ein Bankenkonsortium für die Platzierung der neuen Aktien am Markt. Die Hauptrolle dabei spielt die konsortialführende Bank.

Kupon Zinsschein, der die vereinbarte Verzinsung eines festverzinslichen Wertpapiers angibt.

Kurspflege Bei diesem Vorgang versuchen Marktteilnehmer ein Wertpapier durch gezielte Käufe oder Verkäufe auf einem bestimmten Kursniveau zu halten.

L

Langläufer Festverzinsliche Wertpapiere (Anleihen) mit langer Laufzeit, meist länger als 15 Jahre.

Leerverkauf Verkauf von Wertpapieren, die nicht im Besitz des Verkäufers sind. Der Verkäufer spekuliert durch den massiven Verkauf geliehener Papiere auf fallende Kurse. Anschließend möchte er die gleichen Papiere günstiger zurückkaufen und die Differenz als Gewinn einstreichen.

Leitzins Zinssatz, den die Zentralbank den Geschäftsbanken für deren Refinanzierung abverlangt.

Limit Limits bestimmen eine Preisgrenze, die beim Kauf von Wertpapieren nicht überschritten und beim Verkauf nicht unterschritten werden darf.

Lock-up Sperrfrist für Vorstände und Altaktionäre einer Aktiengesellschaft. Sie tritt nach Börsengängen oder Kapitalerhöhungen in Kraft und dient dem Schutz der Kleinanleger. Während der sechsmonatigen Lock-up- oder Haltefrist dürfen die betreffenden Personen keine Aktien des Unternehmens verkaufen. Damit soll sichergestellt werden, dass Großinvestoren nach einem Börsengang nicht vollmundig Pläne verkünden, um ihre Papiere nach starken Kursschüben bestmöglich zu verkaufen, sondern längerfristig bei der Stange bleiben.

Long Anleger, die Wertpapiere gekauft haben und sie weiterhin in ihrem Besitz halten, bleiben längerfristig (engl. long) investiert.

M

MDAX Aktienindex an der Frankfurter Börse, der die 50 umsatzstärksten Aktientitel unterhalb der dreißig DAX-Werte beinhaltet.

Market-Maker Professioneller Börsenhändler, der durch den Handel mit Wertpapieren für die Preisfindung am Markt sorgt.

Mid Caps Aktiengesellschaften mit mittlerer Börsenkapitalisierung. An der Frankfurter Wertpapierbörse gelten Unternehmen als Mid Caps, wenn ihr Börsenwert zwischen 250 Mio. und 1.000 Mio. Euro beträgt. Diese Gesellschaften sind in der Regel dem MDAX zugeordnet.

Mischfonds Investmentfonds, die in Aktien und Anleihen zugleich investieren. Je nach Marktlage ändert das Management die Zusammensetzung des Fondsportfolios.

MSCI-World-Index Morgan Stanley Capital International – MSCI – ist der weltweit führende Anbieter von Aktienindizes. Der MSCI-World-Index zeigt mit seinem Indexstand die globale Entwicklung der Aktienmärkte an.

N

Namensaktie Auf den Namen des Eigentümers ausgestellte Aktie. Die Übertragung kann nur mit einer schriftlichen Abtretungserklärung erfolgen.

Nebenwerte Aktien kleinerer Unternehmen, die international noch wenig bekannt sind. Manchmal auch als Mid Caps oder Small Caps bezeichnet.

Nennwert Der auch als Nominalwert bezeichnete Nennwert gibt den Wert an, mit dem der Aktionär am Grundkapital eines Unternehmens beteiligt ist (siehe dazu auch Stückaktie). Bei Anleihen wird der Gesamtbetrag in Teilbeträge gesplittet, die dem Nennwert der Anleihe entsprechen.

Neuemission Eine Gesellschaft, die bislang noch nicht an der Börse notiert wurde, gibt erstmals Aktien aus.

Nikkei Index Japanischer Aktienindex, bestehend aus den 225 größten japanischen Werten.

Null-Kupon-Anleihe Die auch (engl.) Zerobonds genannten Anleihen verbriefen keine laufenden Zinszahlungen an den Käufer. Stattdessen werden Null-Kupon-Anleihen stark unter pari emittiert und bei Fälligkeit zum Nominalwert zurückgezahlt. Die Zinsen sammeln sich in Form von Kursgewinnen an.

NYSE Die **N**ew **Y**ork **S**tock **E**xchange ist die bedeutendste Aktienbörse der Welt.

O

Obligation Alternative Bezeichnung für Anleihe.

Option Berechtigt zum Kauf (Call) oder Verkauf (Put) von Aktien zu einem bestimmten Kurs und Zeitpunkt.

Optionsanleihe Anleihe mit Zusatzrechten. Sie besteht aus zwei Komponenten: Einem Optionsschein, der meist zum Kauf einer Aktie berechtigt, sowie einer Anleihe, die mit einem Kupon ausgestattet ist.

Order Kauf- oder Verkaufsauftrag an der Börse.

Outperformance Die Wertentwicklung eines Titels liegt über dem Marktdurchschnitt.

P

Pari Ausgabe von Wertpapieren zum Nennwert (gleich 100 Prozent). Anleihen werden regelmäßig unter pari (also unter 100 Prozent) ausgegeben.

Penny Stocks Amerikanischer Begriff für preislich sehr günstige Aktien, die oft weniger als ein Dollar oder Euro wert sind.

PER Price-earnings-ratio ist der englische Begriff für das KGV.

Performance Wertentwicklung eines Anlageobjekts über einen bestimmten Zeitraum.

Portfolio Gesamtbestand der Wertanlagen eines Investors. Wird häufig auch für die in einem Fonds versammelten Investmentwerte verwendet.

Put Englisch für Verkaufsoption (siehe Option).

Q

Quellensteuer In Deutschland gleichgesetzt mit der für Zinsen und Dividenden zu zahlenden Kapitalertragsteuer.

R

Rallye Übliche Bezeichnung für einen rasanten Börsenaufschwung.

Rating Ratings bewerten in erster Linie die Bonität und damit das Risiko von Anleihen. Fonds-Ratings bewerten die Anlagequalität von Investmentfonds.

Rentenfonds Investmentfonds, der hauptsächlich in festverzinsliche Wertpapiere (Rentenpapiere) investiert.

REX Abkürzung für Deutscher Rentenindex. Er spiegelt die Entwicklung von Anleihen am deutschen Rentenmarkt wider.

Rücknahmepreis Preis, zu dem ein Fondsanteil von der Fondsgesellschaft zurückgekauft wird. Dies ist der tatsächliche Anteilspreis, weil bei der Rückgabe von Anteilen keine Gebühren erhoben werden.

S

Small Cap Aktie von kleineren börsennotierten Unternehmen.

SDAX Börsenindex für kleinere Unternehmen. Der SDAX umfasst 50 Werte, deren Marktkapitalisierung geringer ist als die der MDAX-Unternehmen. Neben deutschen Kapitalgesellschaften umfasst der SDAX auch ausländische Werte.

Spekulationsfrist Frist, binnen derer Aktien- und Immobilienverkäufe mit Gewinn steuerpflichtig sind.

Spekulationsgewinn Nach geltendem Steuerrecht sind Kursgewinne aus Wertpapiergeschäften dann steuerpflichtig, wenn zwischen Kauf und Verkauf höchstens ein Jahr liegt.

Spinn-off Abspaltung eines Unternehmensteils durch Ausgliederung. Häufig erfolgt ein eigenständiger Börsengang des neuen Unternehmens.

Spread Ausdruck für die Differenz zwischen Geld- und Briefkurs eines Wertpapiers.

S&P 500 1957 von der Ratingagentur **S**tandard & **P**oors entwickelter Aktienindex, der 500 US-amerikanische Werte umfasst.

Stammaktie Aktie, die gängige Aktionärsrechte gewährt, etwa das Stimmrecht auf der Hauptversammlung. Kurzform: Stämme.

Stopp-Loss Technik zur Vermeidung von Kursverlusten. Danach wird die Aktie automatisch verkauft, wenn ihr Kurs eine zuvor festgesetzte Marke erreicht oder unterschreitet.

Stückzins Der seit dem letzten Zinstermin bis zum Kauftag aufgelaufene Betrag (Zins), den der Käufer einer Anleihe an den Verkäufer bezahlen muss.

T

TecDAX Aktienindex, in dem die 30 wichtigsten und größten High-Tech-Unternehmen an der Frankfurter Börse gelistet sind.

Thesaurieren Bezeichnung für das Nichtausschütten von Erträgen, da diese sofort wiederangelegt werden. Beispiel: thesaurierende Fonds.

Transaktionskosten Alle Gebühren, die beim Abschluss von Wertpapiergeschäften anfallen.

Tranche Teilpaket einer Wertpapieremission, bei der nicht alle Aktien gleichzeitig zum Kauf angeboten werden, sondern in mehreren Abschnitten.

U

Ultimo Bezeichnet den letzten Börsentag im Monat oder am Jahresende. Wertpapierorders können zum Beispiel bis Ultimo gültig sein.

Underperform Die Wertentwicklung eines Titels liegt (voraussichtlich) unter dem Marktdurchschnitt.

Überkauft/-verkauft Nach einem starken, längeren Kursaufschwung sprechen Börsianer von einem überkauften Markt, es droht eine Gegenreaktion nach unten. Umgekehrt: Nach einem starken Kursrückgang mit hohen Umsätzen spricht man von einem überverkauften Markt, es lockt eine baldige Gegenreaktion nach oben.

Überzeichnung Werden bei einer Neuemission mehr Aktien nachgefragt als angeboten, so ist die Emission überzeichnet. Die Aktienzuteilung erfolgt dann entweder prozentual oder per Losverfahren.

V

Value Englisch für Wert. Value-Strategien kommen zum Beispiel bei Aktienfonds zum Einsatz, etwa wenn der Fondsmanager auf substanzstarke Blue-Chip-Aktien setzt.

Venture Capital Ausdruck für die Finanzierung junger, kleiner Unternehmen mit Wagniskapital.

Volatilität Maßzahl für die Schwankungsbreite und damit für das Kursrisiko eines Wertpapiers.

Vorzugsaktie Aktien ohne Stimmrecht (Kurzform Vorzüge). Allerdings haben solche Papiere andere Vorteile, etwa die Zahlung einer Mindestdividende.

W

Wandelanleihe Kombination einer Anleihe mit einem Optionsrecht. Der Eigentümer kann die Anleihe zu bestimmten Bedingungen in eine Aktie tauschen. Er ist aber nicht dazu verpflichtet.

Warrant Englischer Begriff für Optionsschein.

Wertpapierkennnummer (WKN) Früher besaß jedes Wertpapier zur eindeutigen Identifizierung eine WKN. Sie wurde 2003 durch die ISIN abgelöst, findet aber bis heute noch Anwendung.

Widerstandslinie Gedachte Linie entlang bestimmter Kursgrenzen. Sie gibt an, welche Kurswerte nur schwer nach oben oder unten zu durchbrechen sind. An diesen Punkten stößt die Kursentwicklung des Papiers quasi auf Widerstände.

X-Z

Xetra Elektronisches Wertpapier-Handelssystem an der Frankfurter Börse.

Zerobond Anleihe ohne Zinskupon (siehe Null-Kupon-Anleihe).

Zertifikat Wertpapier, dessen Kursentwicklung an einen Aktienindex, einen Aktienkorb oder an einen Einzelwert gekoppelt ist.

Zweihundert-Tage-Linie Durchschnittslinie, die aus den Kursen der letzten 200 Börsentage gebildet wird. Sie besitzt im Rahmen der technischen Analyse hohe potentielle Aussagekraft über die künftige Kursentwicklung: Durchschneidet der Kurs die Linie von unten nach oben, gilt dies als klares Kaufsignal und umgekehrt.

Zyklisch Anlageverhalten, das dem aktuellen Markttrend entspricht.

Hilfreiche Adressen für Aktionäre

Bundesverband deutscher Investmentgesellschaften (BVI)
Eschenheimer Anlage 28
60318 Frankfurt/M.
Tel. 069/15 40 90 – 0
www.bvi.de
Dachverband der deutschen Fondsbranche. Umfassende Informationen und Statistiken auf der Interseite zu Investmentfonds, Fondssparplänen, Vorsorge mit Fonds, Vermögenswirksamen Leistungen etc.

Dachverband der kritischen Aktionärinnen und Aktionäre e.V.
Ebertplatz 12
50668 Köln
Tel. 0221 - 599 56 47
www.kritischeaktionaere.de
Der Verein setzt sich für soziale und ökologische Belange in Unternehmen ein. Vertritt außerdem Kleinaktionäre auf Hauptversammlungen.

Deutsches Aktieninstitut
Niedenau 13 - 19
603253 Frankfurt am Main
Tel. 069/929 15-0
www.dai.de
Umfassende Informationen für Aktionäre rund um das Thema Börse und Wertpapieranlage.

Deutsche Börse AG
Börsenplatz 1-7
60313 Frankfurt am Main
Tel. 069/2101-0
www.boerse-frankfurt.com
Offizielle Website der Deutschen Börse AG mit sehr viel Service für Privatanleger.

Schutzgemeinschaft der Kleinaktionäre e.V. (SdK)
Karlsplatz 3
80335 München
089/59 99 87 33
www.sdk.org
Unabhängige Interessenvertretung für Kleinaktionäre gegenüber Aktiengesellschaften. Reicht unter anderen Muster- und Sammelklagen ein und bietet umfangreiches Infoangebot für Mitglieder.

Schutzvereinigung für Wertpapierbesitz e.V. (DSW)
Hamborner Str. 53
40472 Düsseldorf
Tel. 0211/66 97 01
www.dsw-info.de
Aktionärsvereinigung für Privatanleger. Vertritt unter anderen auf Hauptversammlungen die Rechte von Kleinaktionären.

Stiftung Warentest
Lützowplatz 11 –13
10785 Berlin
Tel. 030/2631-0
www.warentest.de
Auf den Webseiten viele Informationen zum Thema Geldanlage, Sparen und Altersvorsorge

Verbraucherzentrale Bundesverband
Markgrafenstr. 66
10969 Berlin
Tel. 030/258000
www.vzbv.de
Bundesverband der Verbraucherzentralen. Persönliche Beratung zu Themen wie Geldanlage, Aktien oder Altersvorsorge. Weiterführende Links und Adressen zu allen 16 Verbraucherzentralen in den jeweiligen Bundesländern.

Stichwortverzeichnis

A

B

C

D

E

F

G

H

V

W

X/Y/Z